いちばんわかりやすい
刺しゅうの基礎BOOK

成美堂出版

contents

刺しゅうを始める前に……P.4

Basic Stitch
フランス刺しゅうの基礎……P.12
ステッチの刺し方……P.12
＊刺しゅうの楽しみ方　ブックカバー……P.18
＊刺しゅうの楽しみ方　ティーコゼー＆ティーマット……P.19
＊刺しゅうの楽しみ方　フレーム……P.30
＊刺しゅうの楽しみ方　ハンカチ……P.31
＊刺しゅうの楽しみ方　ランチバッグとコップ入れ……P.45
＊刺しゅうの楽しみ方　巾着……P.51

Yuzukoさんのイラスト刺しゅう……P.54

Cross Stitch
クロス・ステッチの基礎……P.60
ステッチの刺し方……P.62
＊刺しゅうの楽しみ方　メッセージカード……P.65

Stumpwork
スタンプワークの基礎……P.78
ステッチの刺し方……P.78

Ribbon Stitch
リボン刺しゅうの基礎……P.84
ステッチの刺し方……P.85
＊刺しゅうの楽しみ方　ピンクッション……P.94

ワンポイントレッスン　アップリケの基礎……P.95

Beads Stitch
ビーズ刺しゅうの基礎……P.96
ビーズのとめ方……P.98
＊刺しゅうの楽しみ方　ポーチ……P.102

INDEX……P.110

刺しゅうを始める前に

この本では、刺しゅうの中でもよく使われる、フランス刺しゅう、クロス・ステッチ、スタンプワーク、リボン刺しゅう、ビーズ刺しゅうの技法を解説しています。はじめに用意したい材料や用具、糸の種類や針の適正などをまとめました。まずこのページを読んでから始めてみましょう。

刺しゅう糸について

刺しゅうをする布や用途、ステッチの種類によってさまざまな種類が使われますが、一般的によく使うのは25番刺しゅう糸です。6本の細い糸をゆるくより合わせた木綿糸で、色数も豊富です。アンカー、オリムパス、コスモ、DMCなど各メーカーによって色のバリエーションも異なります。グラデーションの糸は1本の糸が段染めになっていて糸つぎをしないで自然に糸の色が変わるので、多色使いの雰囲気が楽しめます。

糸の太さは25番、8番、5番などの数字で表記され、数字が小さくなるほど太くなります。糸の長さは太さによって異なりますが、25番は約8m、5番は約25mあります。図案や刺しゅうをするアイテムによって糸は使い分けましょう。

25番
5番
8番　12番
グラデーション糸　DMCカラーバリエーション（25番）
サテン糸　（25番）

コットンアブローダー　（16、20、25、30番）
ライトエフェクト　（25番） 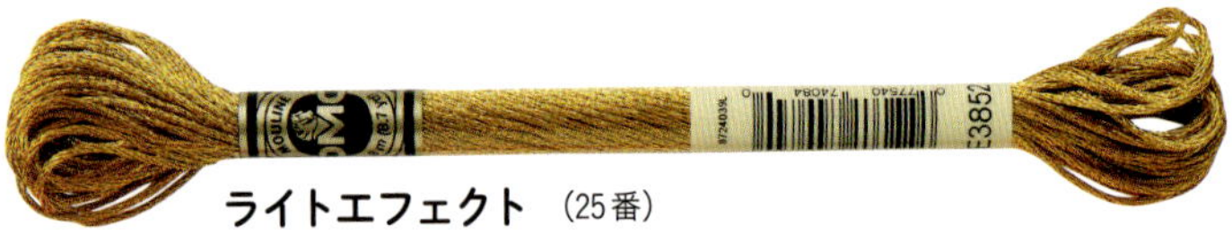
タペストリーウール　（4番） 

ディアマント
3本よりで25番糸1本と同じ太さ

【刺しゅう糸の太さ】 （糸は実物大）

25番糸・6本
25番糸・1本
5番糸・1本
8番糸・1本
12番糸・1本

【ラベルの見方】

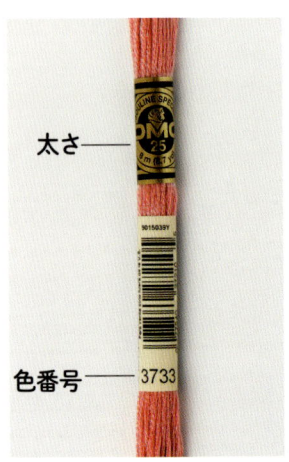

太さ
色番号　3733

糸には太さの番号の他に色番号がついています。上の番号が太さを表し、下の数字は色番号を表しています。
刺しゅうをする時は下の番号をなくさないように糸につけたままにしておくと、足りなくなった時にあわてずにすみます。

糸提供／DMC

針について

刺しゅう用の針は、普通の縫い針よりも針穴が大きく、糸が通しやすくなっています。針の太さや長さ、針穴の大きさなど豊富に揃っているので、刺す糸の太さや用途に合わせて選びましょう。
布目の数を数えないフランス刺しゅうの場合は先端の尖った針を使い、布目を数えながら刺すクロス・ステッチの場合は目を割らないように先端の丸い針を使います。

クロス・ステッチ針

フランス刺しゅう針

（実物大）

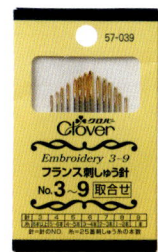

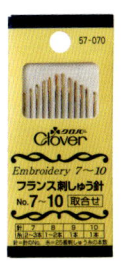

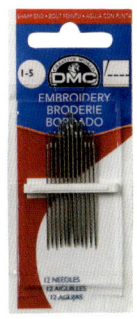

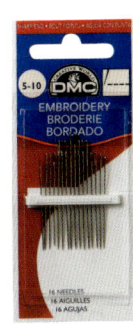

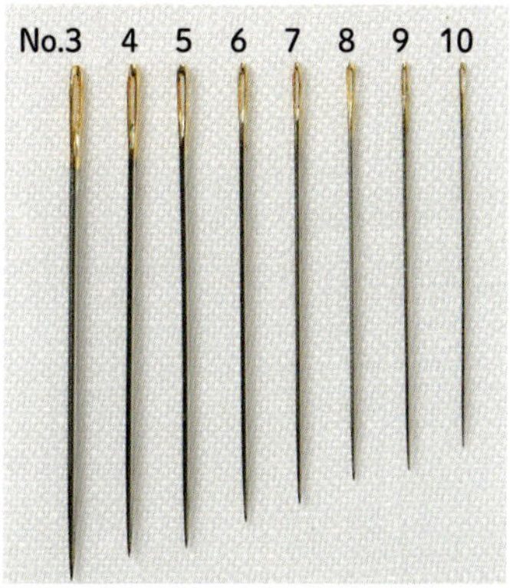

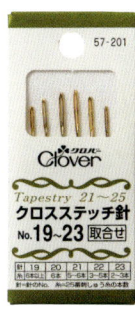

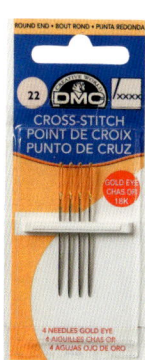

ビーズ刺しゅうには、ビーズの穴に通る細い針を使います。用途に合わせ、針の長さや太さを選びましょう。
また、ビーズの穴に通る太さの縫い針（四ノ三など）で代用することもできます。
リボン刺しゅうには針穴の大きいリボン刺しゅう針、またはシェニール針を使います。針の長さは数字の小さい方が長く、大きくなるほど短くなります。

ビーズ刺しゅう針

縫い針 四ノ三

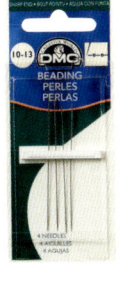

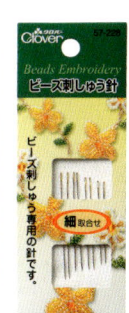

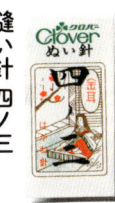

使用針の目安（フランス刺しゅう針）

針の番号	25番刺しゅう糸	布の厚さ
3番	6本以上	厚地
4番	5～6本	厚地
5番	4～5本	中地
6番	3～4本	中地
7番	2～3本	薄地
8番	1～2本	薄地
9番	1本	薄地
10番	1本	薄地

※針番号はクロバー社のもの　※5番刺しゅう糸は3～4番が目安

リボン刺しゅう針　シェニール針　タペストリー針

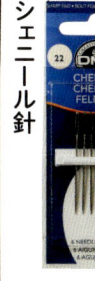

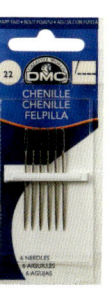

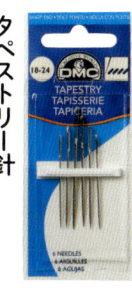

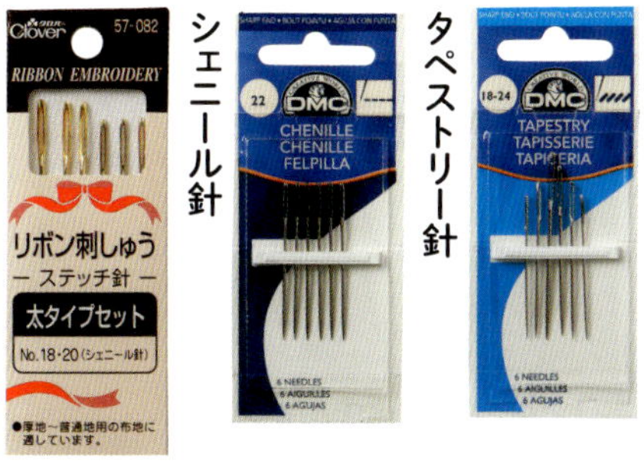

針の違い

フランス刺しゅう針は先端が尖っているのに対し、クロス・ステッチ針は先端が丸く、目を拾いやすくなっています。シェニール針やタペストリー針は先端が尖っていて、針穴が大きく幅のあるリボンや毛糸が通しやすくなっています。

フランス刺しゅう針

クロス・ステッチ針

シェニール針

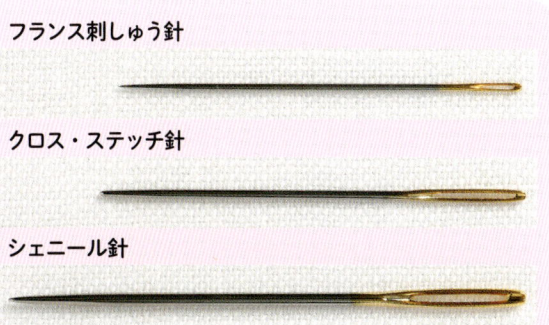

＊針提供／クロバー　DMC

布について

刺しゅうはさまざまな布に刺すことができますが、技法やデザイン、使う用途によって適した布を選びましょう。

＊刺しゅう布の種類

主に自由刺しゅうなど布目を数えずに刺す刺しゅうに向く布です

トスコラミーなどの薄手から、クラッシーなどの中肉のもの、コーク麻のような厚手のものがあります。また、目の詰まったもの、粗いものがあります。素材は綿、麻、混紡などさまざまですが、綿より麻の方が上質な作品に向いています。

方眼になっていて、布目を数えて刺す刺しゅうに向く布です

クロス・ステッチやニードルワークなどキャンバスワークに使います。この本で表記しているカウントは布目の大きさを表し、10cm平方にある目数が記載されています。目数はメーカーによって異なりますが、数が多いほど目が詰まって、仕上がりが繊細な模様になります(61ページ参照)。

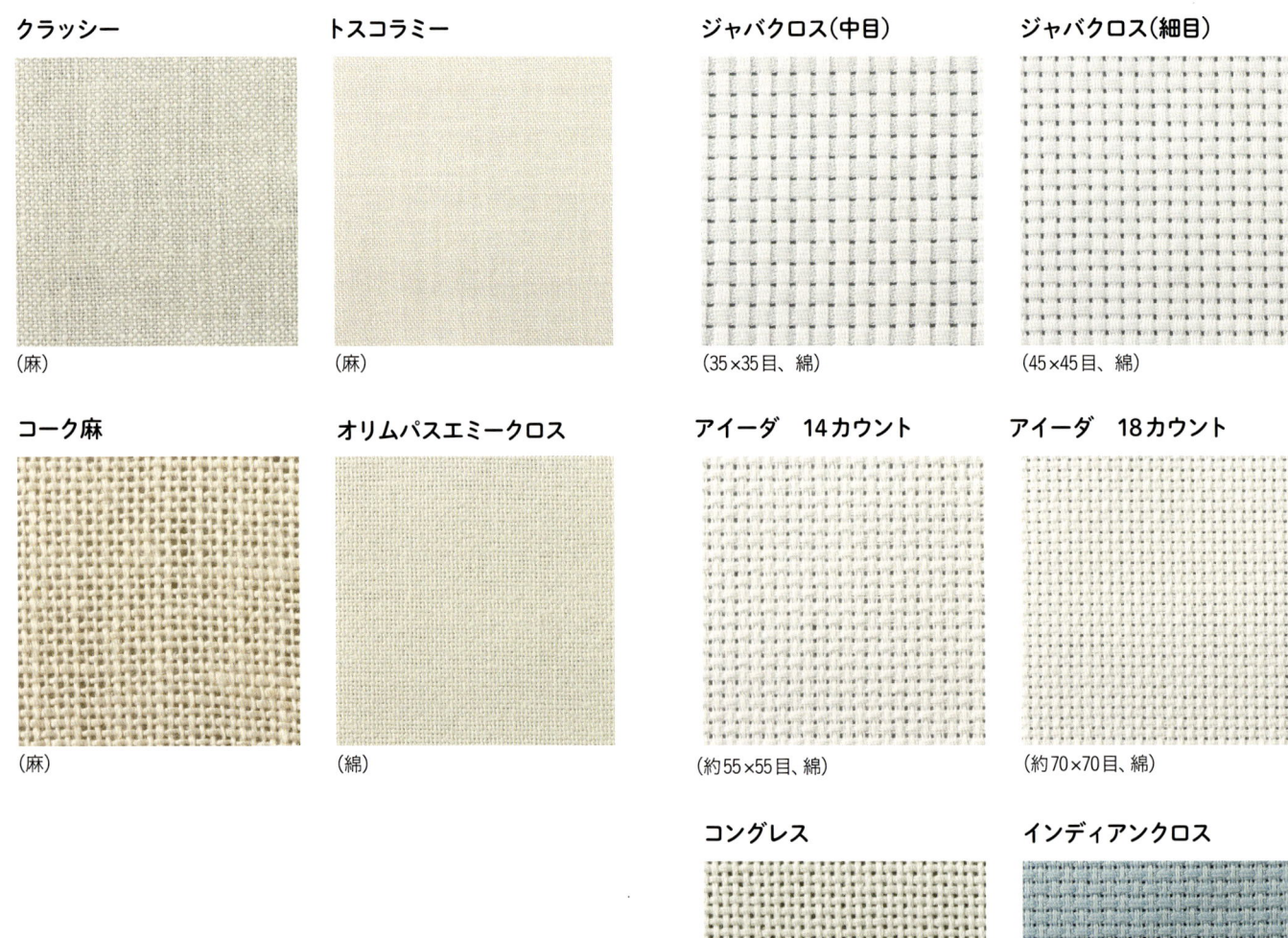

クラッシー（麻）

トスコラミー（麻）

ジャバクロス（中目）（35×35目、綿）

ジャバクロス（細目）（45×45目、綿）

コーク麻（麻）

オリムパスエミークロス（綿）

アイーダ　14カウント（約55×55目、綿）

アイーダ　18カウント（約70×70目、綿）

コングレス（約70×70目、綿）

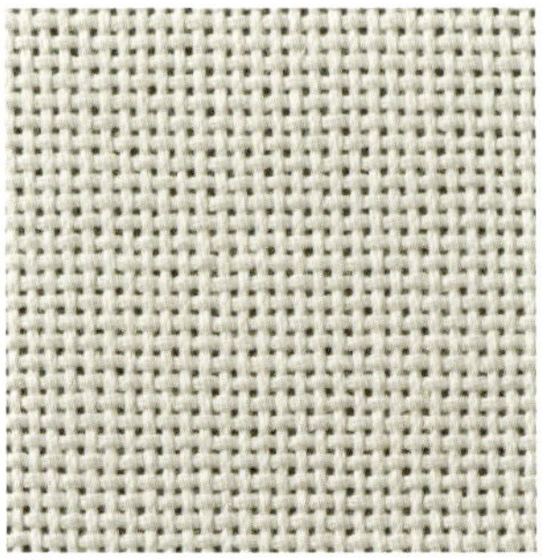

インディアンクロス（約52×52目、綿）

刺しゅうの用具

図案を写す時、刺す時に必要な用具と合わせて、あると便利な刺しゅうグッズを集めました。
使いやすい用具に囲まれていると刺しゅうをする時間が楽しく過ごせます。

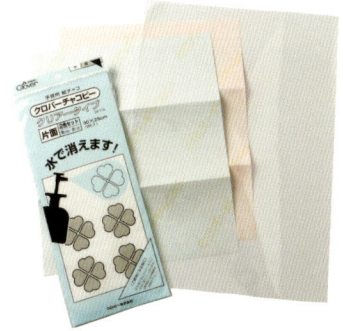

手芸用複写紙とセロファン
トレーシングペーパーに写した図案を布に写す時に使います。色はブルー、ピンク、グレーなどがあり、布の色に合わせて選びます。片面にチャコがついていて、水で消えるタイプが使いやすいでしょう。

刺しゅう枠
大小数種類ありますが、10〜12cmくらいのものが刺しやすいでしょう。図案が大きい場合は刺し終わったら少しずつ枠をずらしながら刺します。

トレーサー
手芸用複写紙にセロファンを重ねて図案の上からなぞる時に使います。色の出なくなったボールペンなどでも代用ができます。

水性チャコペン
布に図案を描く時や刺し方向の線を描く時に使います。

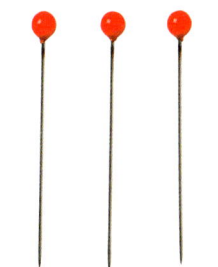

まち針
布に図案を写す時にずれないように固定します。

裁ちばさみ
布をカットする時に使います。

糸切りばさみ
よく切れる、先端の尖ったものを用意しましょう。

※その他に、図案を写すためのトレーシングペーパーと鉛筆を用意しましょう。

あると便利なグッズ

マグネットニードルケース
内側にマグネットがついていて、針の保管に便利。

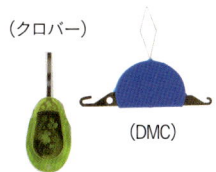

（クロバー）
（DMC）
スレダー
針に糸を通す時に、針穴にスレダーを通し、糸をはさんで引き抜くだけでかんたんに糸が通せます。

糸切り
ペンダント型糸切り。チェーンやリボンをつけて、アクセサリー感覚で身につけて作業できます。

ソルブルステッカー
目数が数えにくい麻布などに刺しゅうする時に、表面に貼って使う水溶性のシート。マス目がプリントされていて、クロス・ステッチを刺した後は洗うだけ。

カラフルな刺しゅう枠
SABAE Premium Hoop
インテリアにも使える美しいカラーの揃った刺しゅう枠。メガネの鯖江フレームと同じ素材でできています。

オーガナイザー
SABAE Horse Head Organizer
刺しゅう糸の収納グッズ。馬のたてがみ部分の穴に刺しゅう糸をつけて使います。

提供／クロバー、DMC

刺しゅうをする前の下準備

用途にもよりますが、布は一度水洗いをして布目方向を揃えます。必要な大きさに布をカットしたら、まわりがほつれてこないようにしつけ糸でかがっておきましょう。ひと手間加えることで、刺しゅうをしている時にまわりがほどけてきたり、刺しゅう糸とからまったりせず、刺しやすくなります。裏側から軽く霧を吹き、布目方向を整えるようにアイロンをかけましょう。

図案の写し方

トレーシングペーパーに鉛筆で写した図案、手芸用複写紙とトレーサー、まち針を用意します。
細かい案内線を入れる時はチャコペンもあると便利です。手芸用複写紙とチャコペンは水で消える水溶性のものを用意しましょう。刺しゅうをする布の上にトレーシングペーパーに写した図案を重ね、布と図案をまち針でとめます。手芸用複写紙の色のつく方を下側にして布と図案の間にはさみます。セロファンを重ねてトレーサーで図案をなぞって写します。

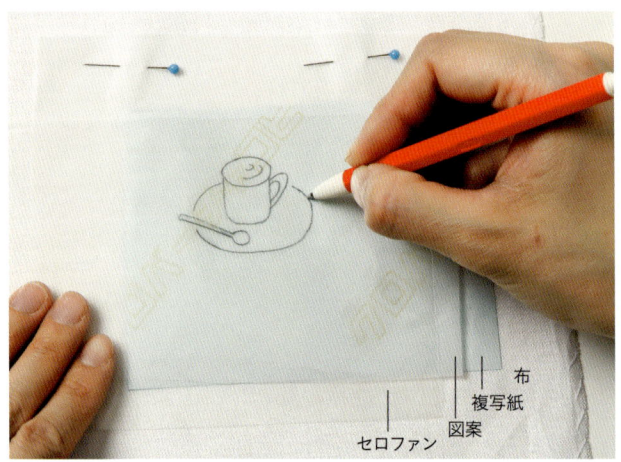

刺しゅう枠の使い方

刺しゅう枠は刺しゅう面の大きさに合わせて選びましょう。10〜12cmが最も使いやすいサイズです。テーブルクロスやクッションなど大きな面積を刺す時は、刺しゅう面をこすらないように刺しゅう枠を少しずつずらしながら刺します。一度刺した面に刺しゅう枠をかけると、せっかく刺しゅうをした部分が枠でこすれて毛羽だってきます。このような時は当て布や薄紙を上にかけて枠をはめましょう。刺しゅう枠なしで刺すこともできますが、枠を使うことで生地がぴんと張って、刺しゅう糸のもつれを防ぎ、刺しやすくなります。

1 外枠のねじをゆるめて内枠をはずし、内枠の上に刺しゅう布を重ねる。図案が中央にくるように布の上から外枠をはめる

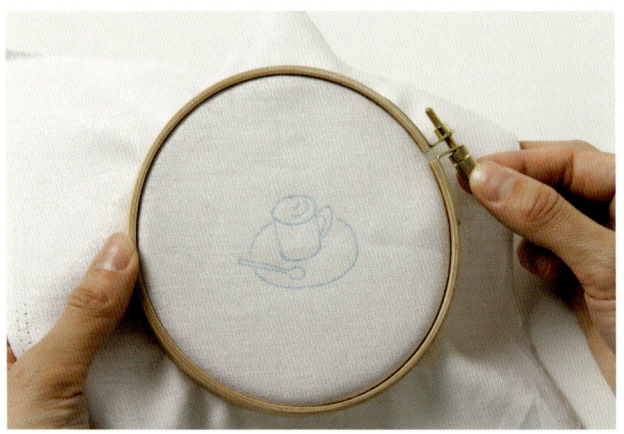

2 布をぴんと張りながら、ねじを締める

刺しゅう糸の使い方

＊糸の引き出し方

25番刺しゅう糸は束の端から1本引き出し、70〜80cmでカットします。この時、ラベルは取らずにつけたままにしておくと糸がからまず、また色番号を間違えずに足りなくなった時にあわてないですみます。

＊糸の使い方

25番は細い糸6本がゆるくより合わされています。作り方に書いてある「3本どり」などの表記はこの細い糸の本数を表しています。使う時は必要な長さにカットした糸から1本ずつ糸を引き抜いて、必要な本数を引き揃えて使います。3本だからと半分に割って使うと糸によりがかかって、刺した時の仕上がりが美しくありません。6本どりの時も必ず引き揃えて使うことが美しく仕上げるコツです。

1 ラベルの端から1本引き出し、70〜80cmでカットする

2 糸端を持ち、細い糸を1本ずつ引き抜く

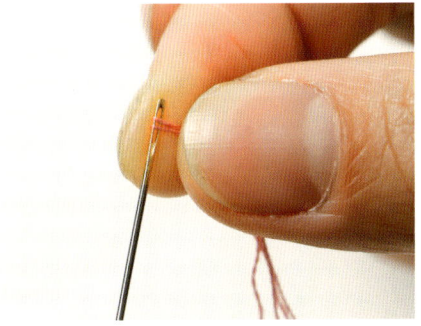

3 指定の本数の糸を引き揃え、刺しゅう針の針穴部分に糸をかけて二つ折りにし、指先ではさみながら糸に折り癖をつける

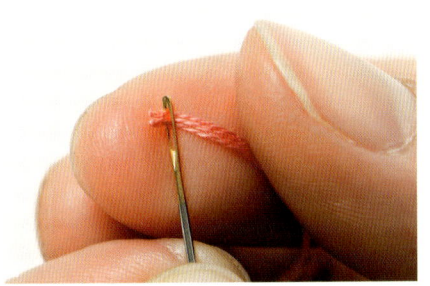

4 針穴に糸を通す

5 糸を引く。

＊かせになっている糸の使い方

1 5番刺しゅう糸などかせになっている場合は一度ラベルを抜き、ねじりを直して輪にする。結び目のところで輪をカットする

ここから引き出す

2 再びラベルを通しておく。1個は端から通して真ん中に置き、もう1個は両サイドの端に通しておくと束が崩れずに最後まで使いやすい

＊玉巻きやボビン巻きになっている糸の使い方

8番や12番、ボビン巻きになっているラメ糸などは外側の糸端から使う。

＊スレダーの使い方

糸の本数が多かったり、先端が見え辛くなってきた時に便利なのが糸通しです。

1 針穴にスレダーを差し込む。必要な本数の刺しゅう糸をスレダーの輪の中に入れる

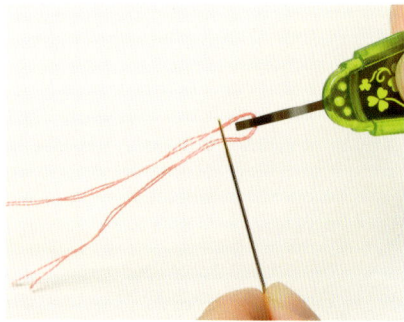

2 スレダーを引くと糸が針穴に通る

刺し始め

刺し始めは玉結びをして捨て糸をしてから刺し始めます。捨て糸とは、後から糸始末をするための糸を残しておき、玉結びをカットして糸始末をすることです。
玉結びをしただけで刺し始めると、刺し上がるまでに裏側で糸がからんだり、凹凸ができて美しくありません。

＊刺し始め　玉結びの作り方と捨て糸の方法

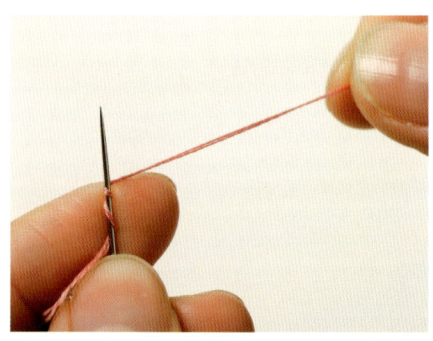

1 左手に針を持ち、人差し指で押さえながら、右手で糸を2～3回巻きつける

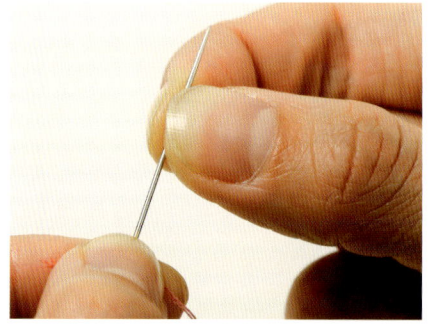

2 巻きつけた糸を左手人差し指と親指ではさみながら針を引く

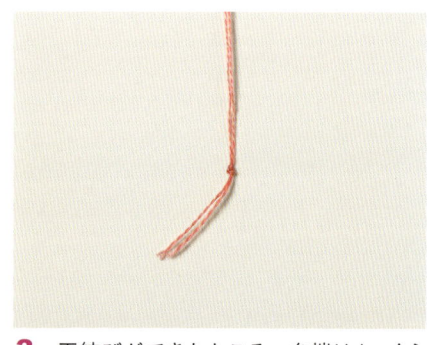

3 玉結びができたところ。糸端は1cmくらい残してカットする

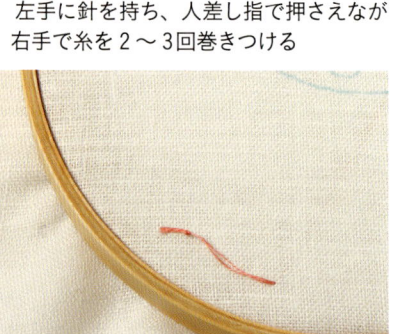

4 刺しゅう面の図案から離れたところに表側から針を入れる。図案から7～8cm離れたところに玉結びができる

5 少し刺し進んだら、玉結びをカットして、裏側で糸始末をする

刺し終わり

刺し終わったら刺しゅう面やステッチのラインに残りの糸をくぐらせて抜けないように始末をしてからカットします。
クロス・ステッチの場合も後ろの渡り糸に糸をくぐらせて始末します。

＊面の糸始末

1 刺し終わったら裏返し、刺し終わりの位置の少し内側から針を入れて裏の渡り糸をすくう。この時表にひびかないように布はすくわず、渡り糸だけすくって糸を引く

2 少しずらした位置から刺し終わり側に向かい、もう一度糸だけをすくう。糸を引き、カットする
※面積が広い場合はもう1～2回糸だけをすくうことを繰り返す

＊線の糸始末

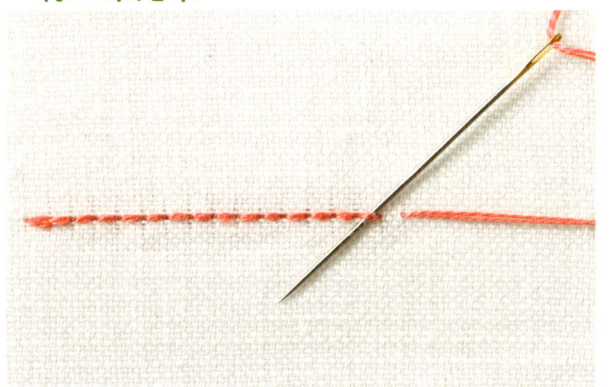

1 刺し終わったら裏返し、裏側の渡り糸を針先ですくう

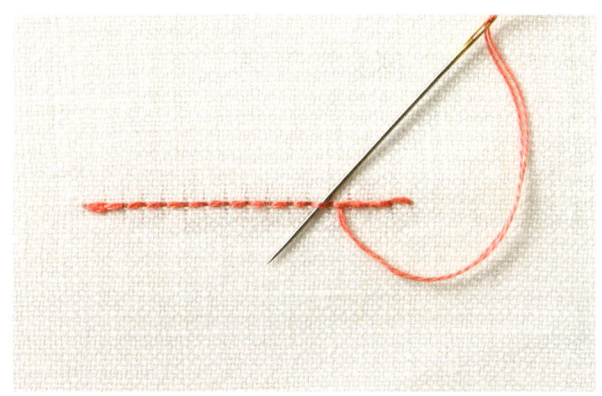

2 くるくると螺旋を描くように針先で渡り糸を2～3cmすくって針を引き、根元でカットする

仕上げの方法

刺しゅうが終わったら、刺し忘れがないか確認しましょう。裏返して糸始末を忘れていないかも確認します。せっかく刺し終わっても、糸がほどけてきたなどということがないように糸始末はきちんとすることがきれいに仕上げるコツです。また、刺しゅうが終わったらアイロンをかけて仕上げます。アイロンをかけるのは刺しゅう布のしわを取るだけでなく、布に残った下絵のあともきれいに消すためです。

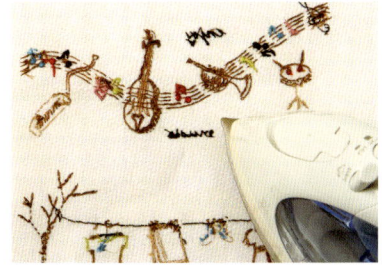

アイロン台の上にタオルを敷き、さらに薄手の白い布を重ねます。その上に刺しゅうをした布を裏返して置き、刺しゅう面がつぶれないように気をつけてかけます。裏返してかけることで、刺しゅう面が布とタオルに保護されてつぶれるのを防いでくれます。

下絵の残った線は霧吹きで水をかけて消します。きれいに落ちない場合は、綿棒の先を水で濡らし、軽くたたくようにして落とします。こすりすぎて毛羽立たないように気をつけましょう。

フランス刺しゅうの基礎

刺しゅうの基本になる刺し方です。スタンプワークや、リボン刺しゅう、ビーズ刺しゅうなども同じテクニックを使っているものもあります。はじめて刺しゅうをする方は、4〜11ページを参照し、まずこのページのステッチから始めてみましょう。

布提供／越前屋　糸提供／DMC

【ステッチの刺し方】

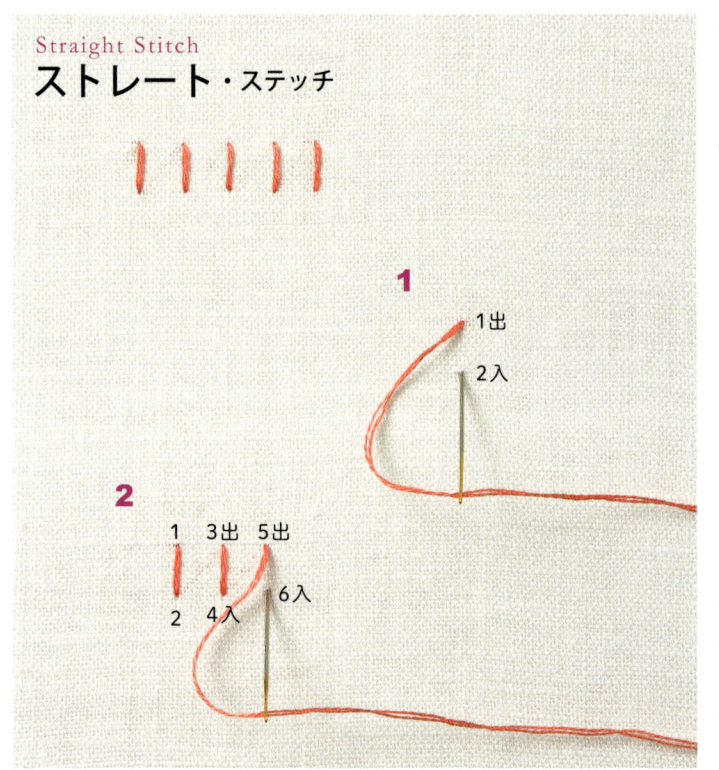

Straight Stitch
ストレート・ステッチ

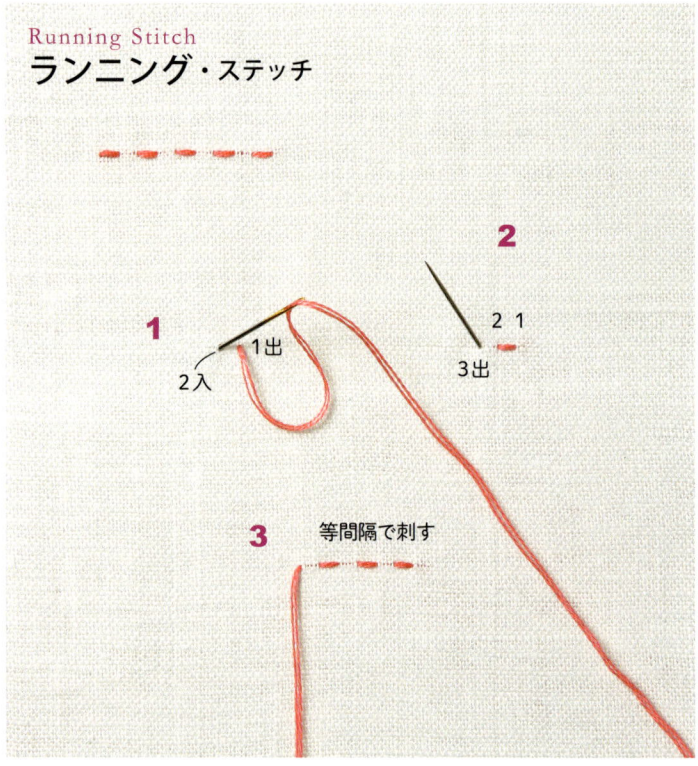

Running Stitch
ランニング・ステッチ

等間隔で刺す

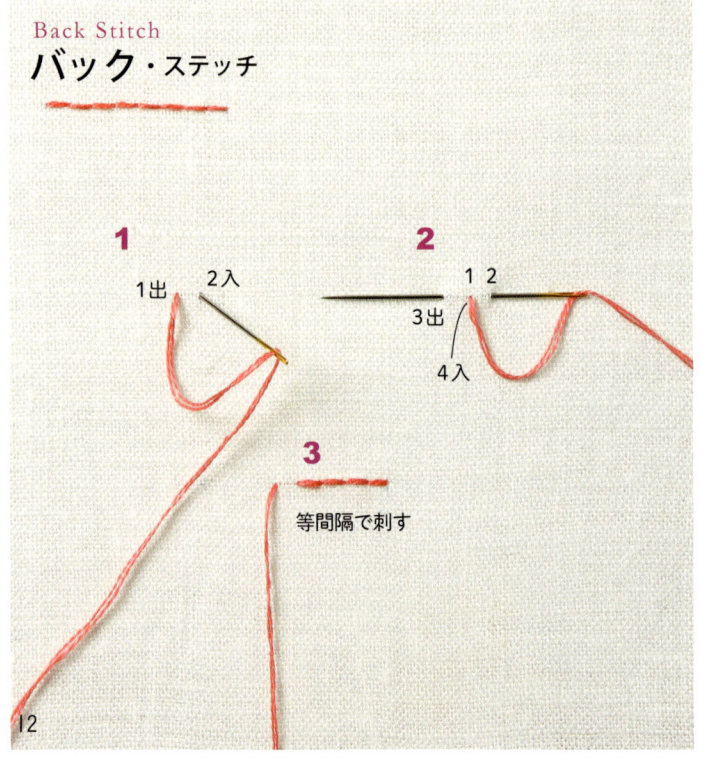

Back Stitch
バック・ステッチ

等間隔で刺す

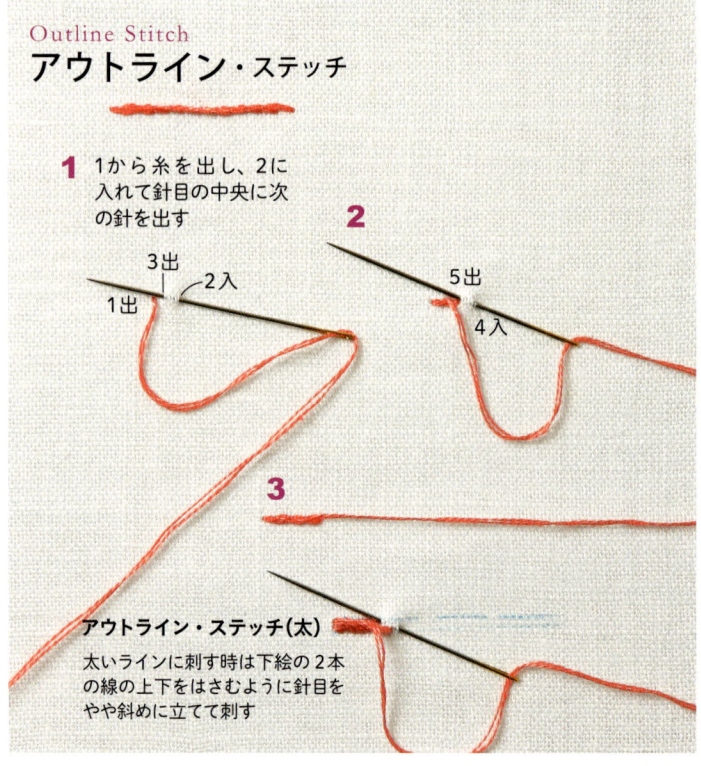

Outline Stitch
アウトライン・ステッチ

1 1から糸を出し、2に入れて針目の中央に次の針を出す

アウトライン・ステッチ(太)
太いラインに刺す時は下絵の2本の線の上下をはさむように針目をやや斜めに立てて刺す

この本の刺し方ページでは、「ステッチ」＝『・S』で省略しています。

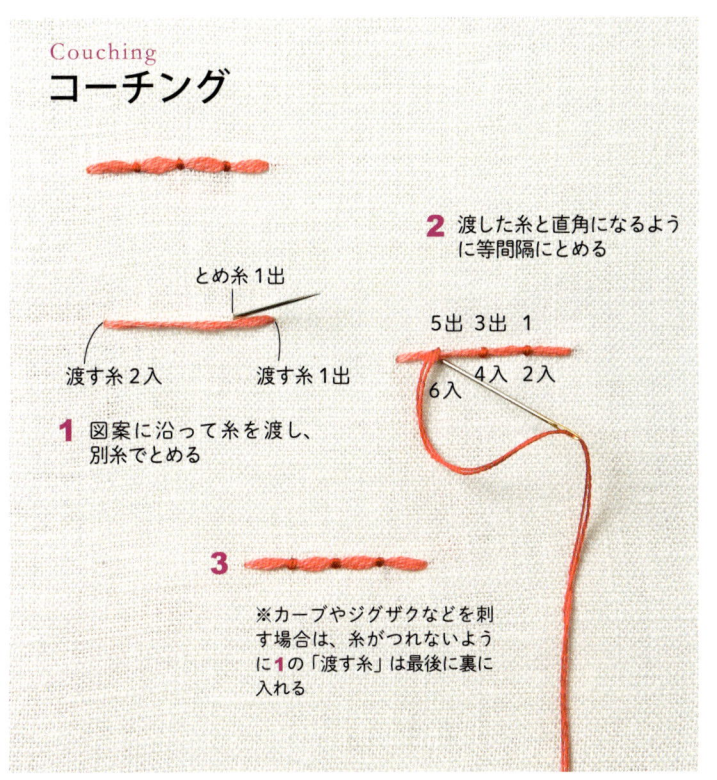

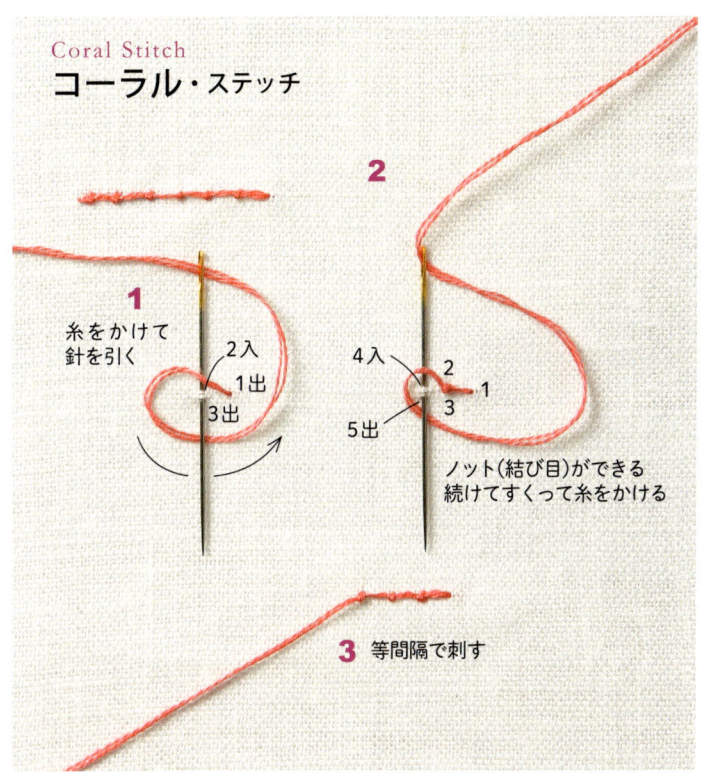

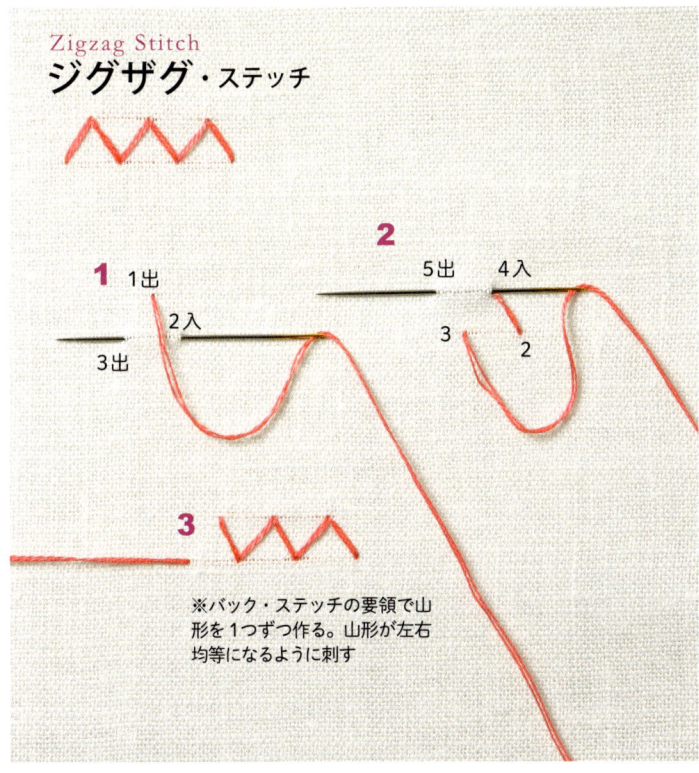

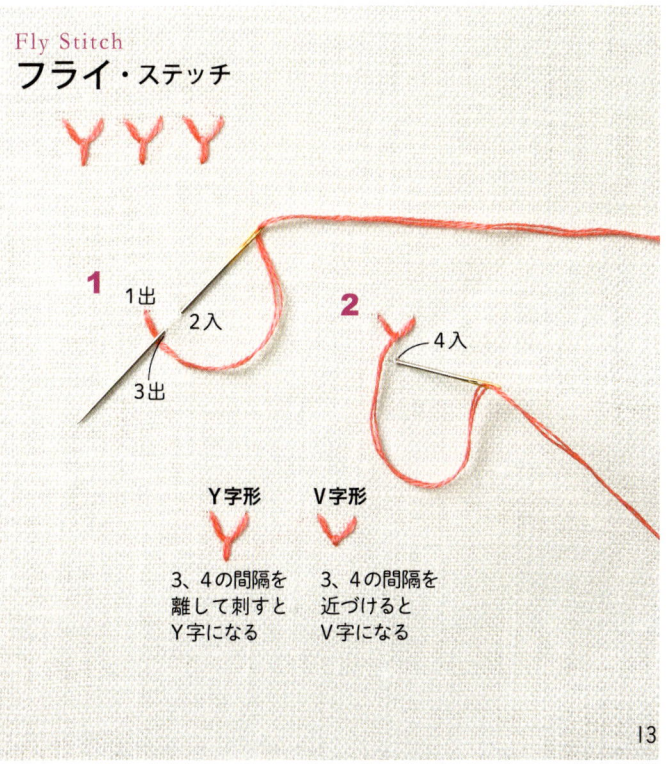

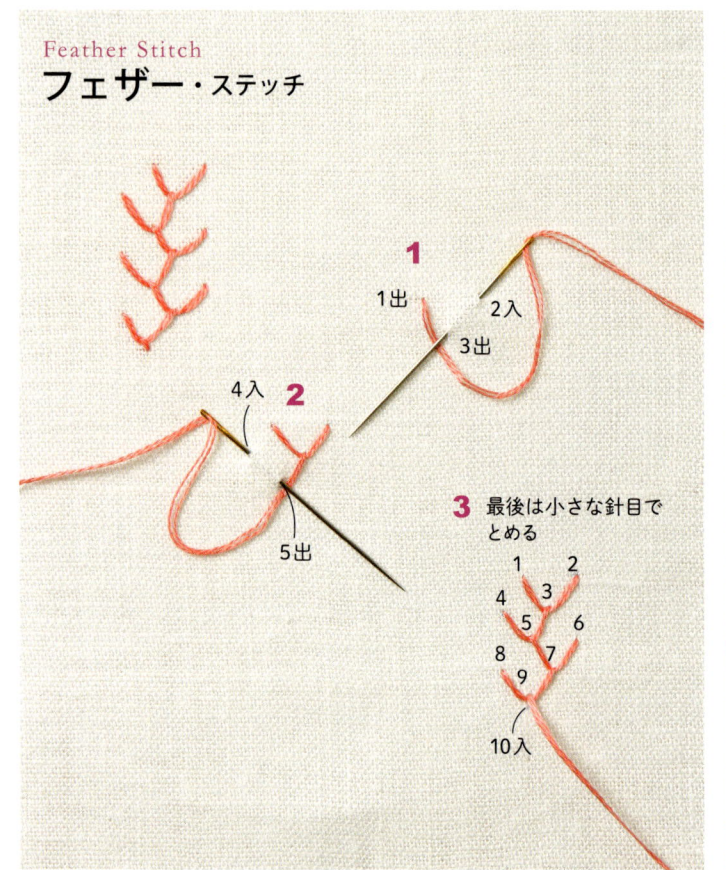
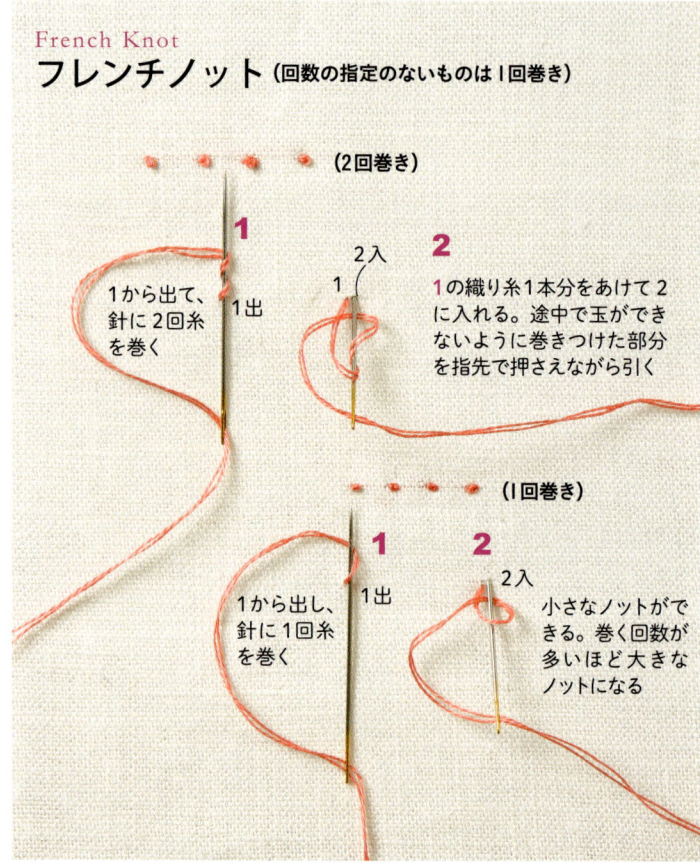
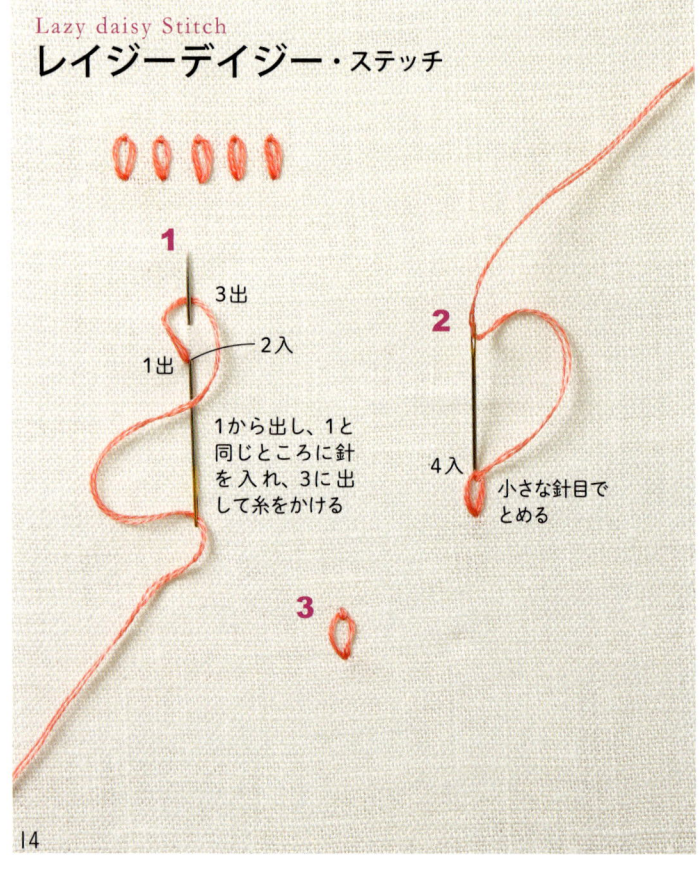
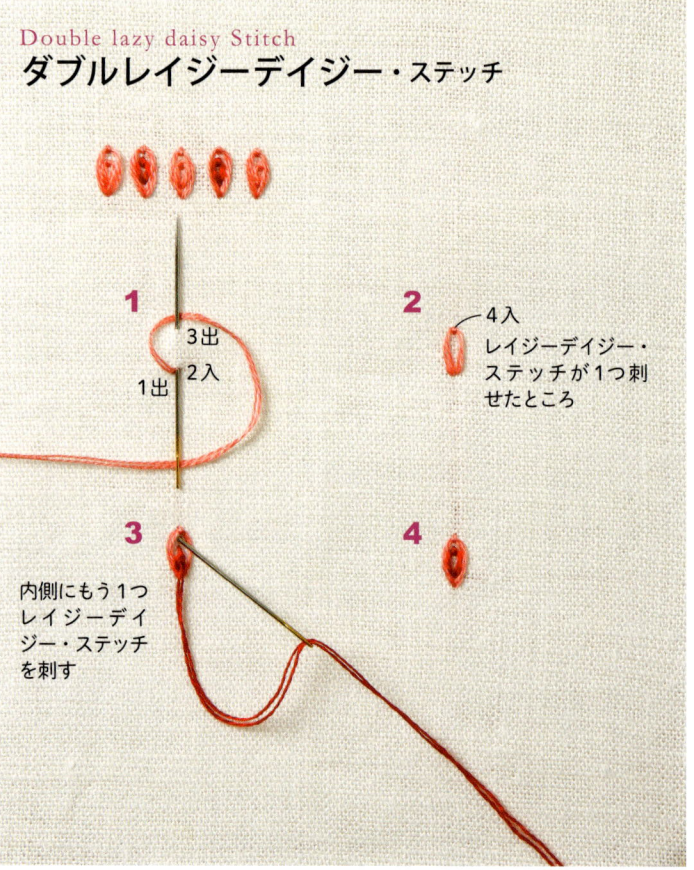

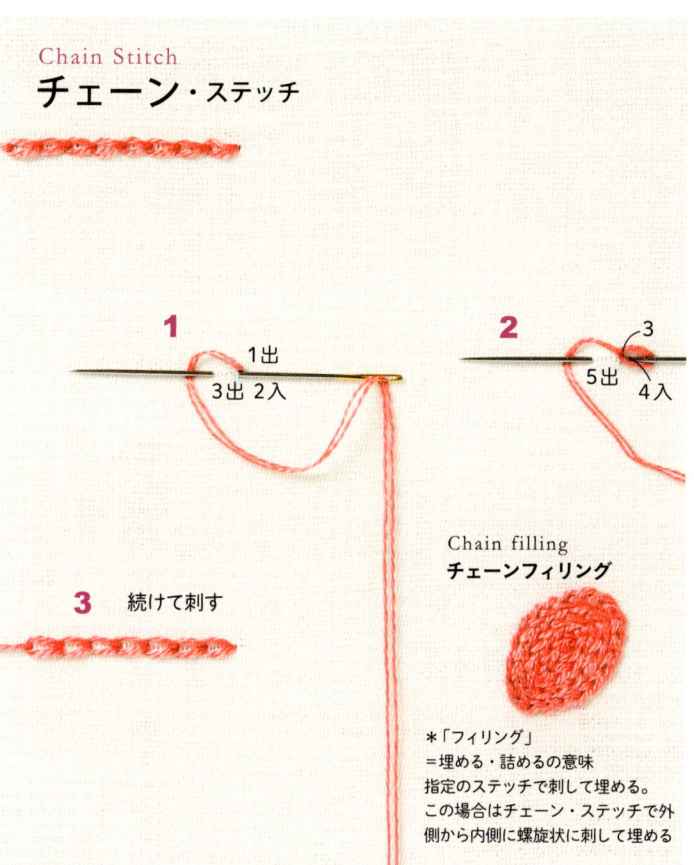
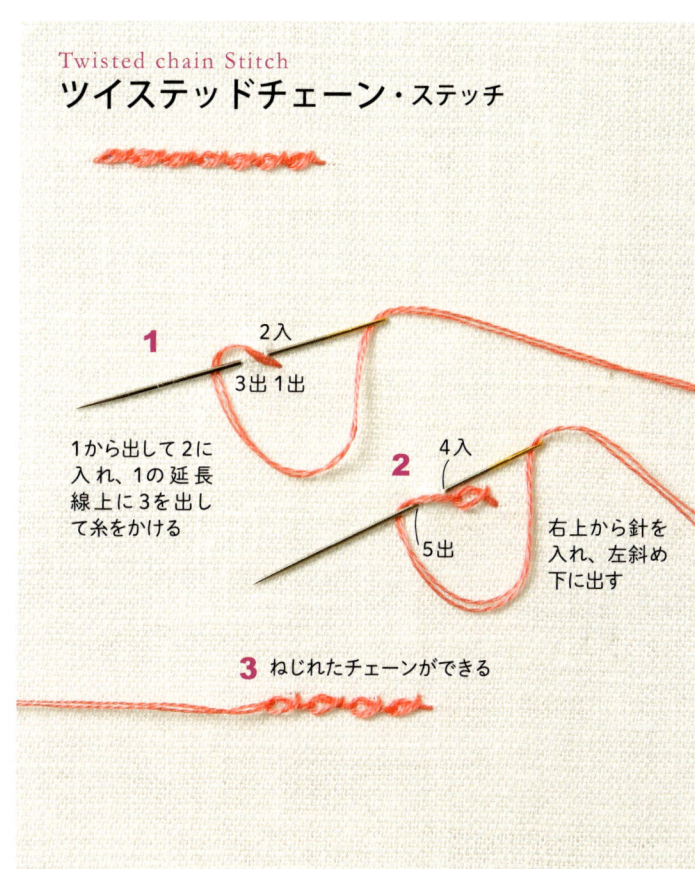
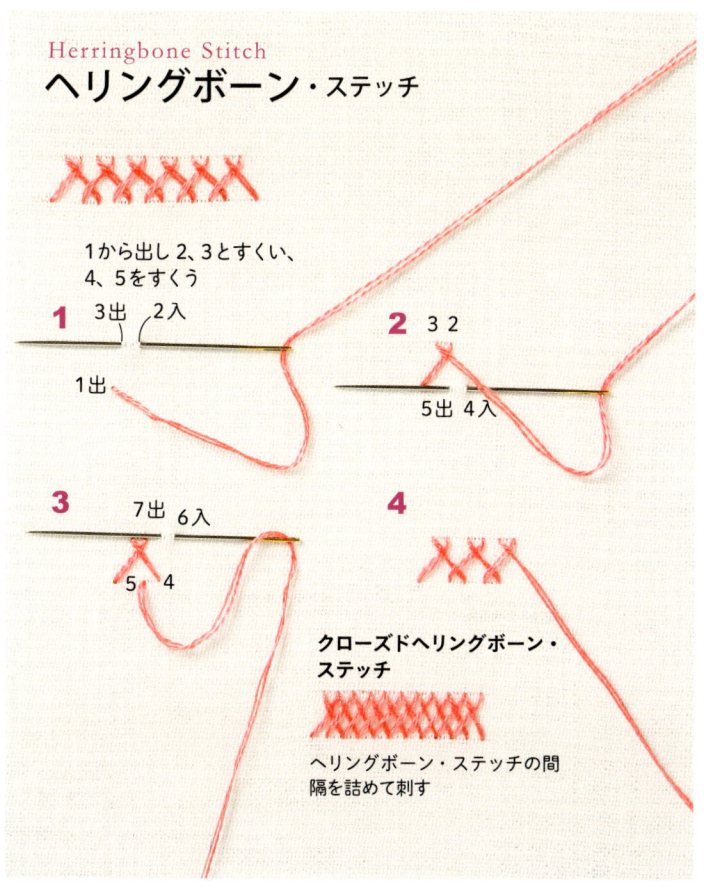
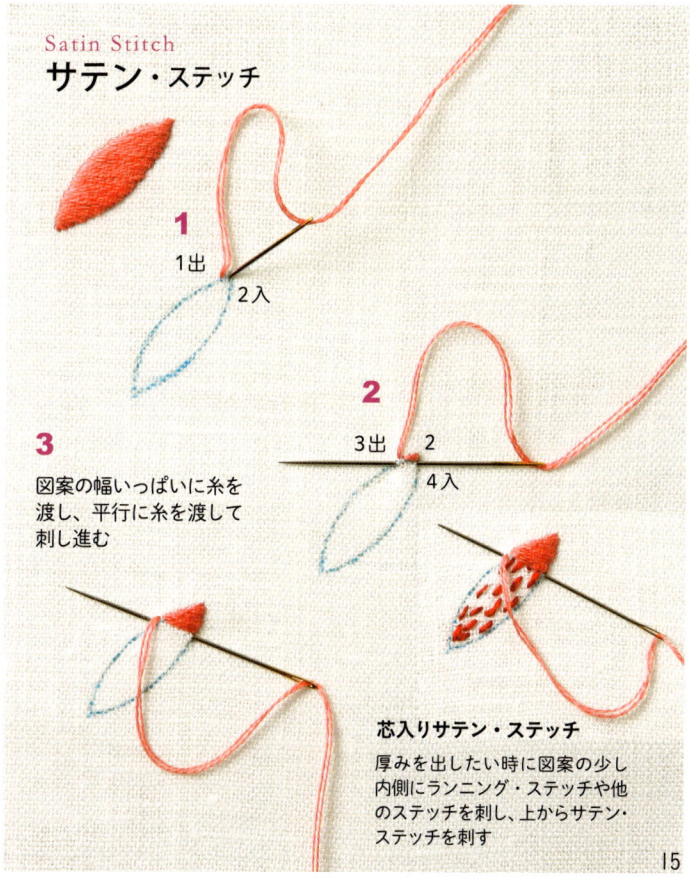

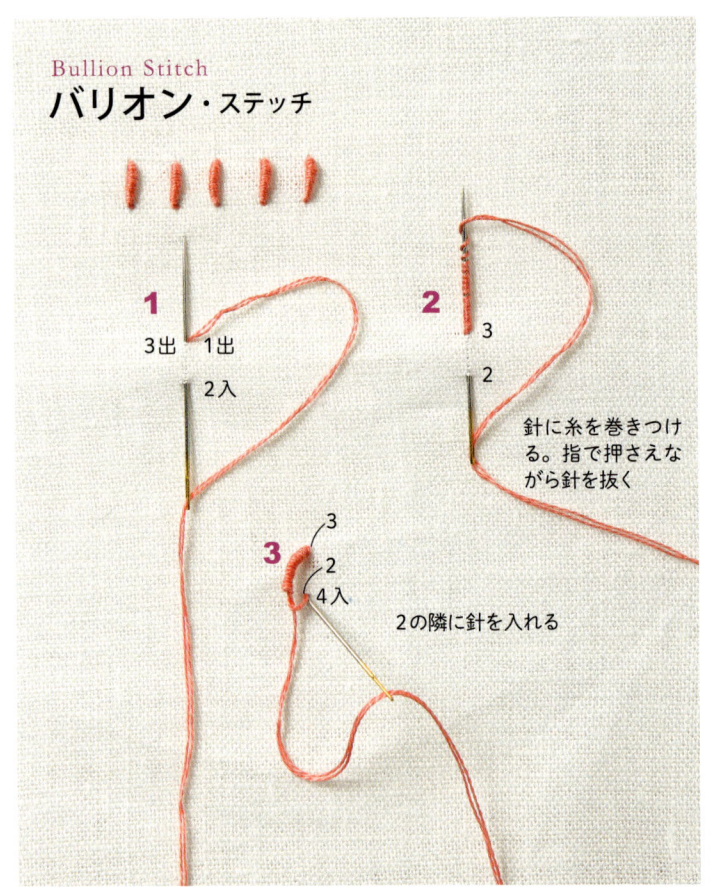

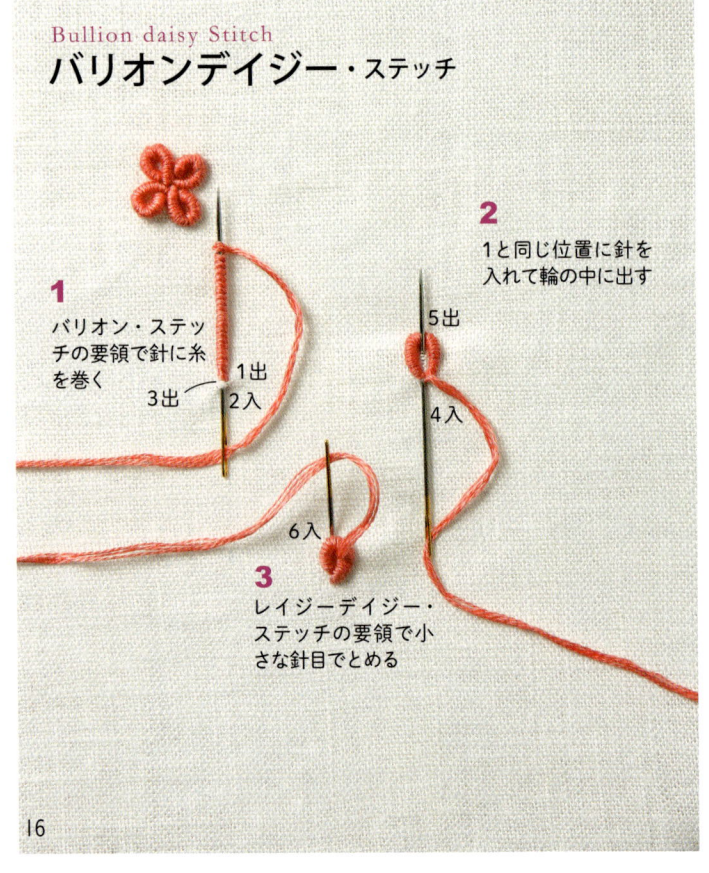

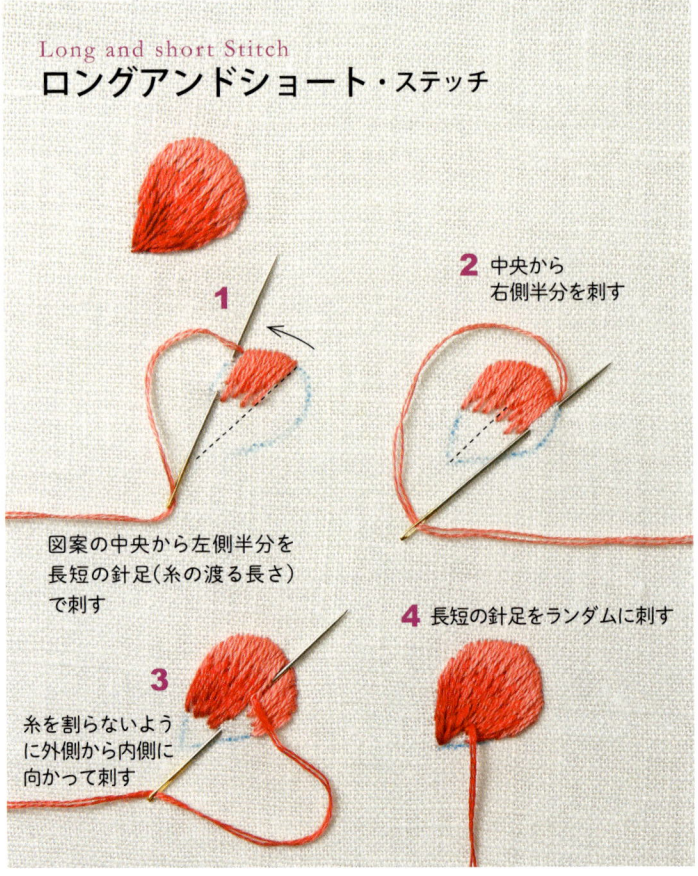

Leaf Stitch
リーフ・ステッチ

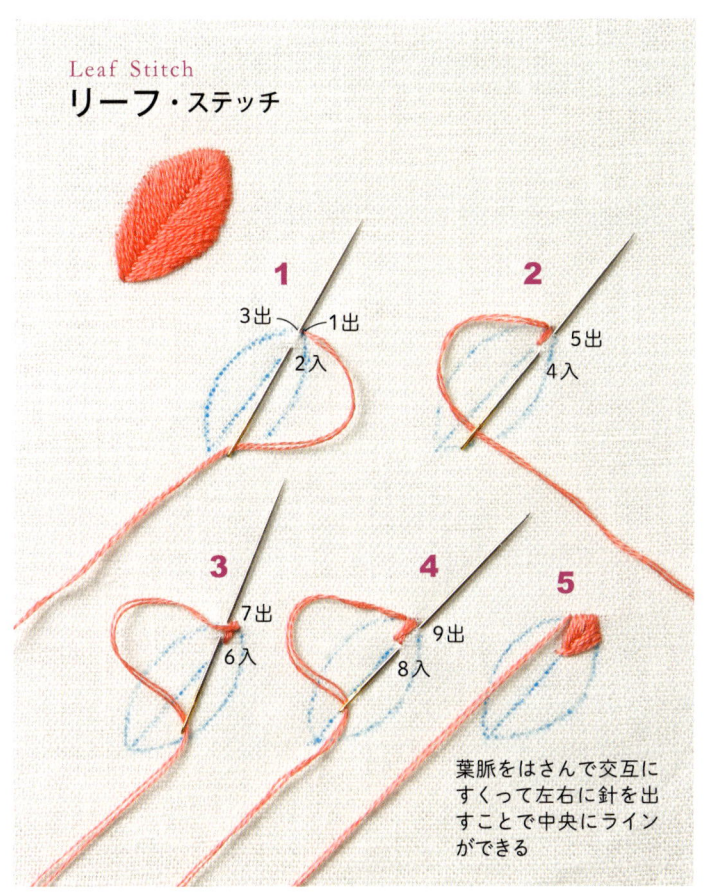

Spider web rose Stitch
スパイダーウェブローズ・ステッチ

Wheel Stitch
ホイール・ステッチ

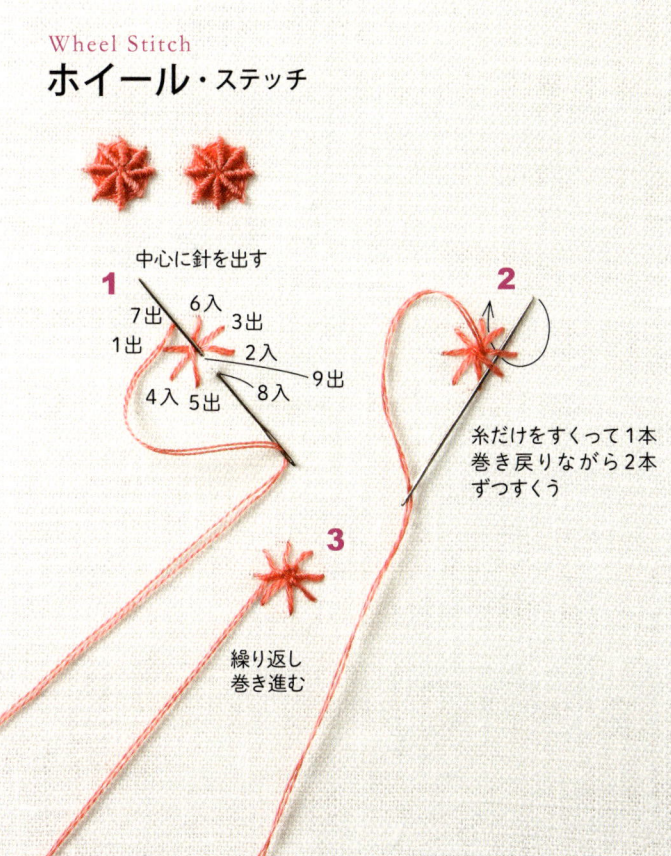

Buttonhole Stitch
ボタンホール・ステッチ

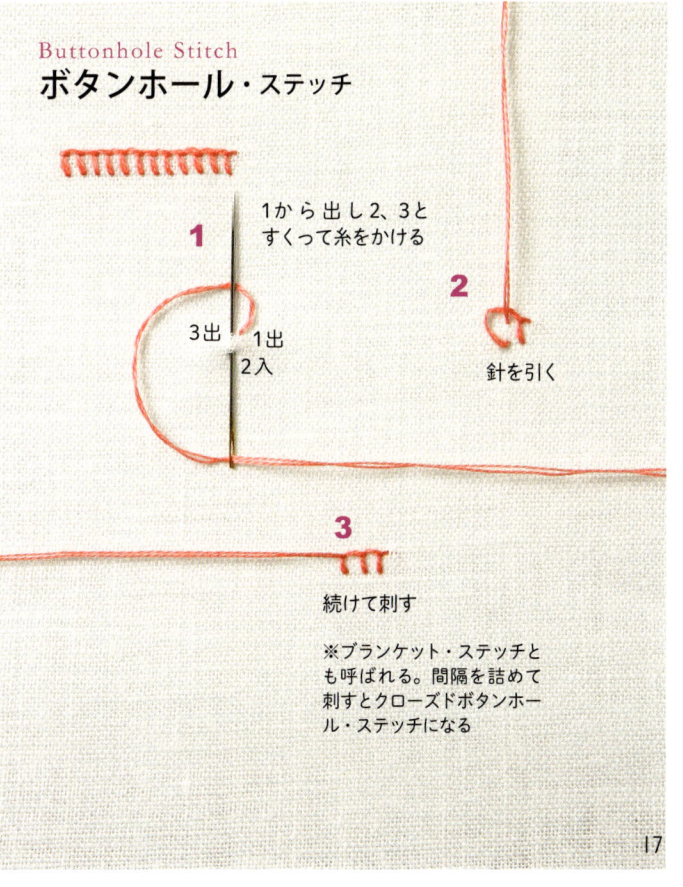

＊刺しゅうの楽しみ方＊
ブックカバー

シンプルな麻のクロスに好きな花を刺しゅうしましょう。
接着芯を貼れば厚みも出て、裏側の始末もかんたんです。

デザイン…オノエ・メグミ
作り方…20ページ
刺しゅう図案は24ページ

刺しゅうの楽しみ方
ティーコゼー&ティーマット

楽しいティータイムはちょっとおしゃれに
刺しゅうのセットでいただきませんか?
お揃いのティーマットにはラベンダーを1枝
四隅に刺しゅうしました。

デザイン…オノエ・メグミ
作り方…21ページ
刺しゅう図案は25ページ

ブックカバー…写真18ページ

材料

麻地　ベージュ 41cm×18cm
接着芯　41cm×18cm
グログランリボン　1.5cm幅18cm
DMC25番刺しゅう糸
でき上がり寸法：16cm×24cm(文庫本用)

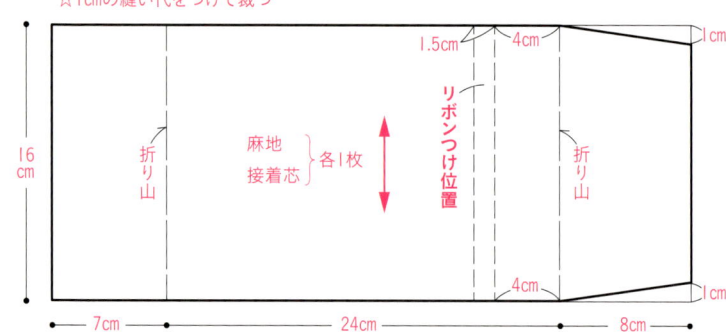

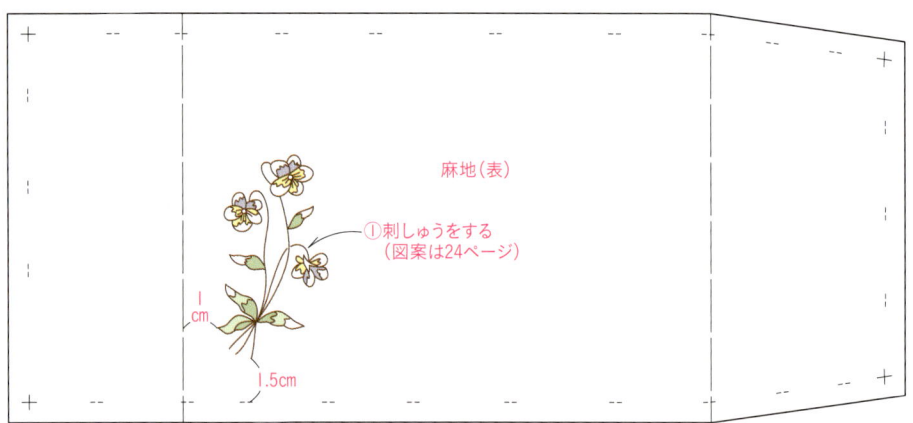

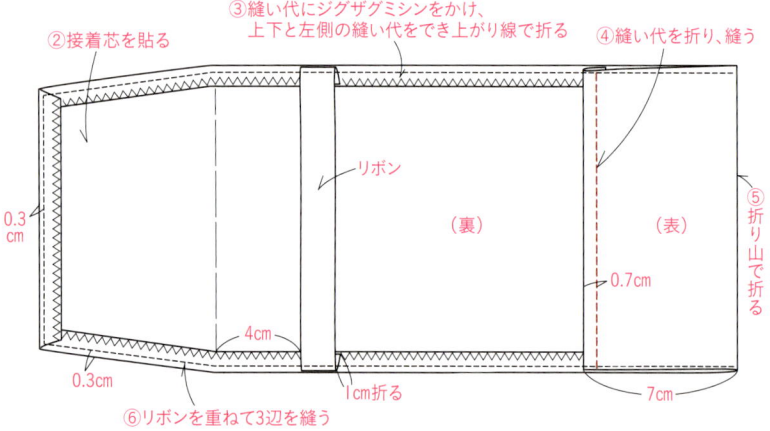

<ティーマット>

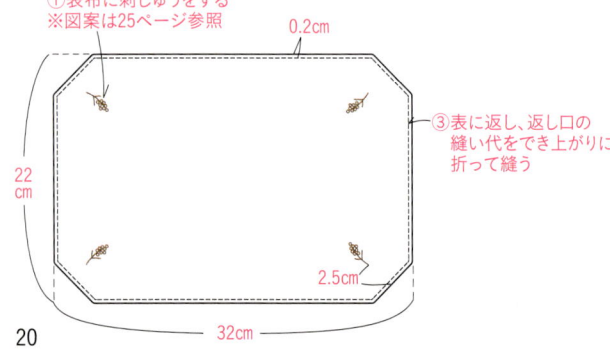

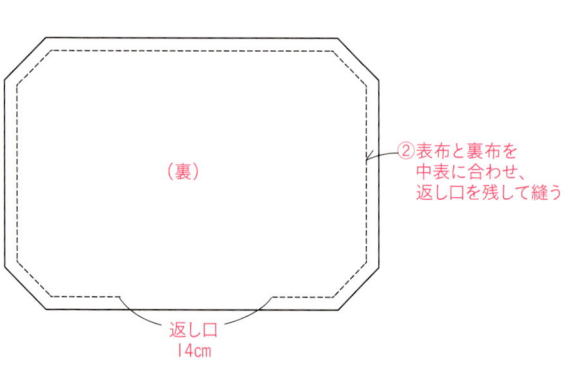

ティーコゼー＆ティーマット …写真19ページ

材料

ティーコゼー
外袋：表布用麻地　白56cm×20.5cm
　　　裏布用木綿地　白56cm×16.5cm
内袋：表布用キルティング地　白52cm×16cm
　　　裏布用綿プリント木綿地　花柄52cm×16cm

バイアステープ：0.6cm幅
水色58cm、白102cm
DMC25番刺しゅう糸
でき上がり寸法：図参照

ティーマット
表布用麻地　白34cm×24cm
裏布用木綿地　白34cm×24cm
DMC25番刺しゅう糸
でき上がり寸法：32cm×22cm

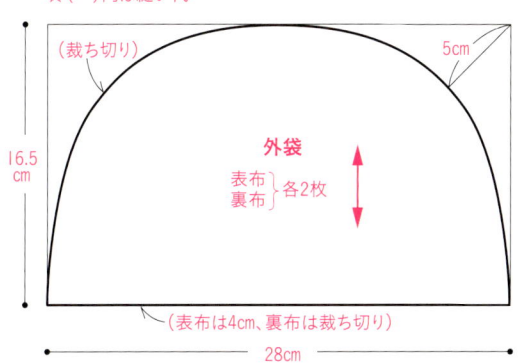
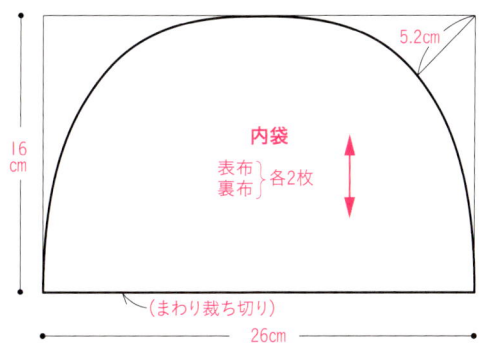

＜ティーマット＞
☆1cmの縫い代をつけて裁つ

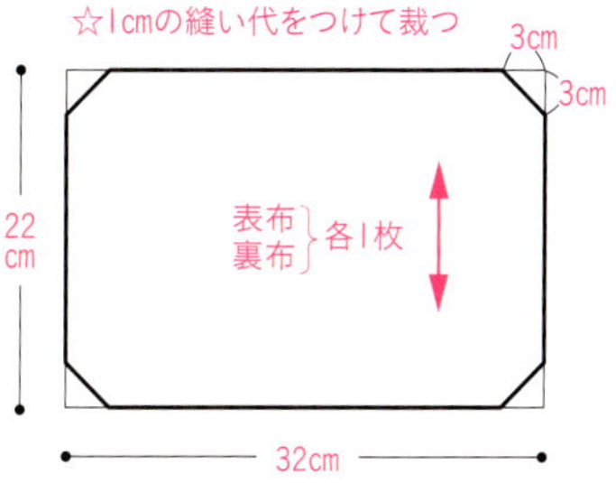

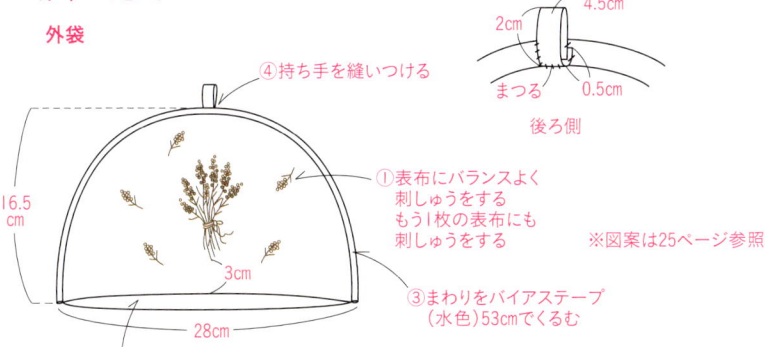

※図案は25ページ参照

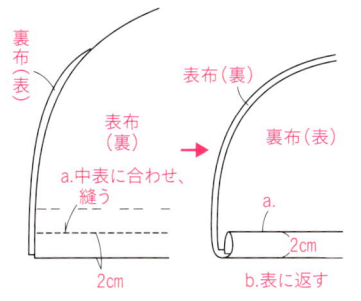
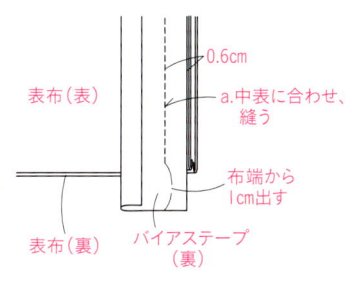
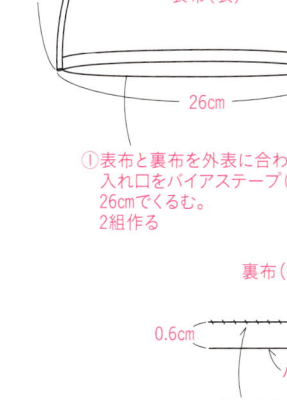
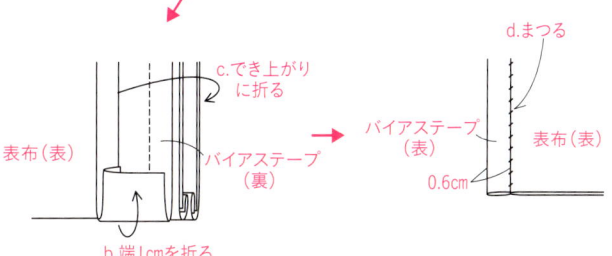

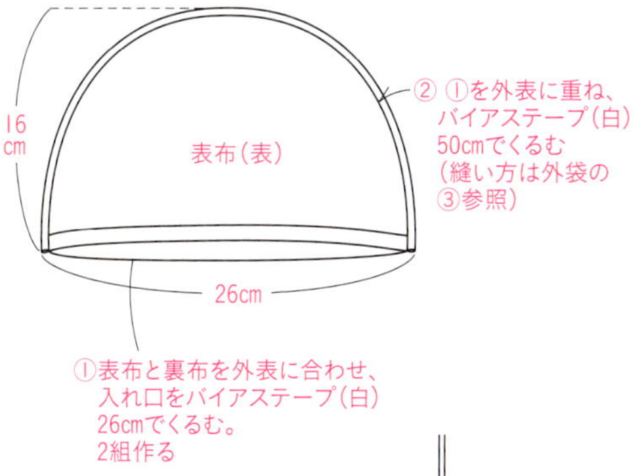

※外袋と内袋を重ねて使う

21

四季の花　春

デザイン…オノエ・メグミ　刺し方…24ページ
布提供／越前屋

四季の花　夏

デザイン…オノエ・メグミ　刺し方…25ページ
布提供／越前屋

四季の花　秋
デザイン…オノエ・メグミ　刺し方…28ページ
布提供／越前屋

四季の花　冬

デザイン…オノエ・メグミ　刺し方…29ページ
布提供／越前屋

・糸はDMC25番刺しゅう糸　・O＝アウトライン・S　・F＝フレンチノット
指定以外は2本どり
・ステッチは指定以外サテン・S

＊刺しゅうの楽しみ方＊
フレーム
刺しゅう枠をミニ額の代わりに。刺し上がったらそのまま飾って楽しめます。
メガネのフレームと同じ素材でできていて、カラーも豊富に9色から選べます。

デザイン…笹尾多恵
刺しゅう図案は33ページ　刺しゅう枠の内径…12.5cm
布提供／越前屋　フレーム提供／DMC

作り方のワンポイント
図案を写し、刺しゅう枠にはめて刺しゅうをします。
刺し終わったら裏返し、余分な布をカットします。

作り方のワンポイント
ハンカチの角に図案を写し、刺しゅうをします。

刺しゅうの楽しみ方
ハンカチ

刺しゅうはじめてさんは、まずは仕立てのいらない
ハンカチに刺しゅうをしてみましょう。
ワンポイント刺しゅうならすぐに作れて
プレゼントにも最適です。

デザイン…こむらたのりこ
刺しゅう図案は36、37ページ

小鳥

デザイン…笹尾多恵　刺し方…33ページ

動物

デザイン…こむらたのりこ　刺し方…36ページ
布提供／越前屋

子供っていいな
デザイン…こむらたのりこ　刺し方…37ページ
布提供／越前屋

・糸はDMC25番しゅう糸　指定以外は1本どり　・芯入りサテン・Sの芯はサテン・S　・O=アウトライン・S　・LS=ロングアンドショート・S

・糸はDMC刺しゅう糸　・O＝アウトライン・S
　指定以外は25番1本どり　・F＝フレンチノット
　　　　　　　　　　　・LS＝ロングアンドショート・S

楽しいひととき

デザイン…西須久子　刺し方…39ページ

布提供／越前屋

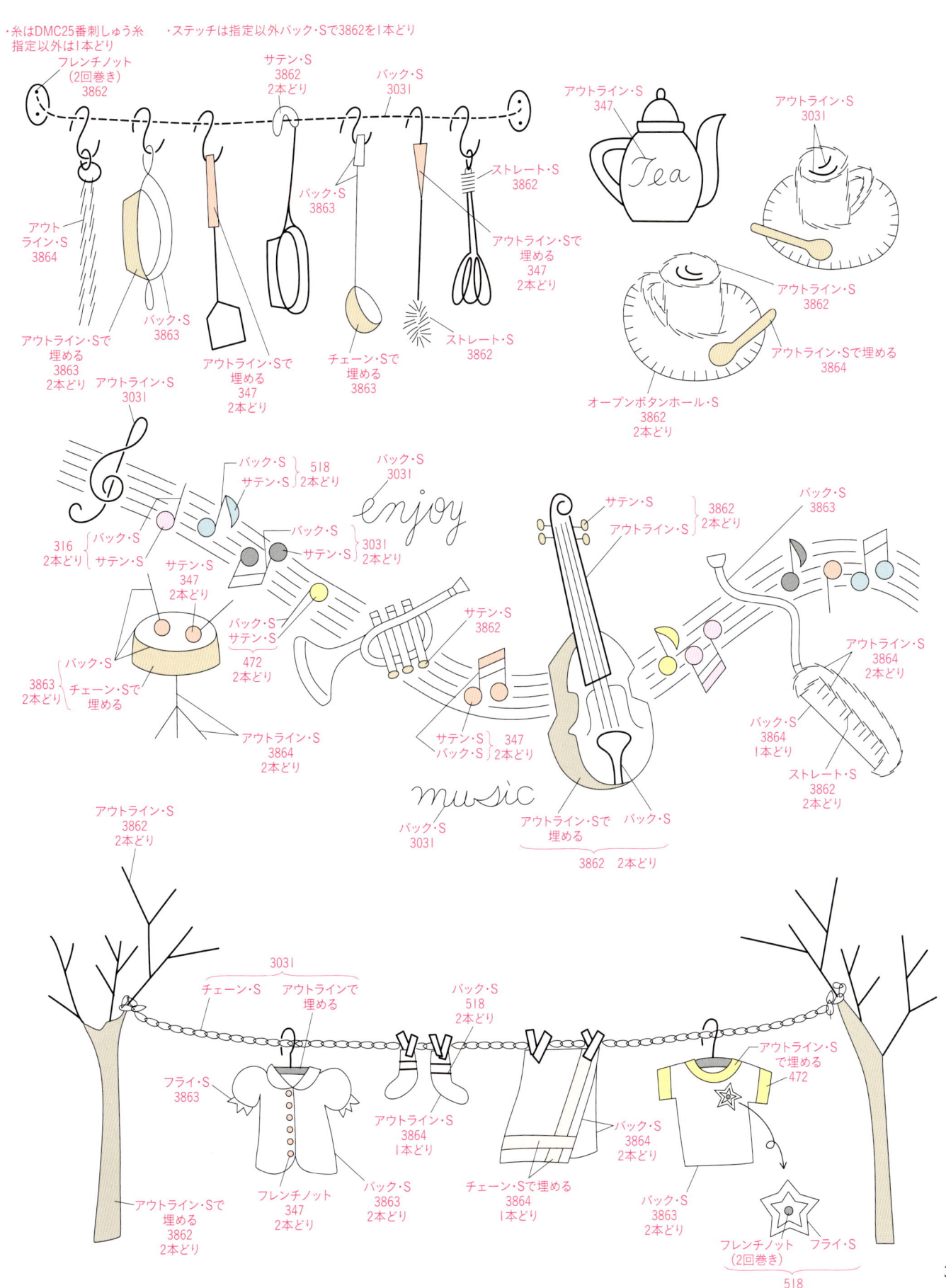

・糸はDMC25番刺しゅう糸　指定以外は1本どり
・ステッチは指定以外バック・Sで3862を1本どり

アルファベット

デザイン…西須久子　刺し方…42ページ
布提供／越前屋

平がな

デザイン…こむらたのりこ　刺し方…43ページ
布提供／越前屋

41

・糸はDMC25番刺しゅう糸
　指定以外は2本どり
・ステッチは指定以外は2本どりでアウトライン・Sまたはアウトライン・Sで埋める

サテン・S
932　841

サテン・S
471　304

アウトライン・S
471

バック・S
471

レイジーデイジー・S
728

フレンチノット
471

フライ・Sで埋める
471

フライ・Sで埋める
472

チェーン・S
839
1本どり

ストレート・S
472

チェーン・Sで埋める
471　783　3760

472

839
バック・S

ランニング・S

チェーン・Sで埋める
471
472

ストレート・S
728　304

バック・S
839
1本どり

チェーン・Sで埋める
3851
471

チェーン・Sで埋める
841

932

フレンチノット
839
サテン・S

841

3851

471

チェーン・Sで埋める
472

バック・S
839

チェーン・Sで埋める
3760

471　3760

チェーン・Sで埋める

- 糸はDMC25番刺しゅう糸
- 文字は芯入りサテン・S、4025（芯はバック・S 4本どり、サテン・Sは2本どり）
- 文字以外は糸1本どり
- 文字以外のステッチの指定以外と輪郭線は451で1本どり、バック・S

- O＝アウトライン・S
- LS＝ロングアンドショート・S
- F＝フレンチノット

あ サテン・S 349 / 349 451 ストレート・S	い F(2回巻き)451	う サテン・S 761	え サテン・S 712 / 3347 ストレート・S	お 712 / 451 サテン・S
か F 2回巻き 451 サテン・S 349	き ストレート・S 451 F(3回巻き) 3853 / 3347 451 サテン・S	く サテン・S 4025 F(4回巻き) 451	け サテン・S 745 / 349 ジグザグ・S F(3回巻き) 349	こ サテン・S 4025 ストレート・S 451 / 351 F(3回巻き) 349
さ サテン・S 3347 ストレート・S サテン・S 4025	し F(3回巻き) 4025 F(2回巻き) 3853 / 451 サテン・S 451	す サテン・S 349 ストレート・S 451 3347 バック・S 3347 / 351	せ ストレート・S サテン・S 349	そ F(2回巻き) 451 ストレート・S 3347 / 451 サテン・S 349
た ストレート・S 451 サテン・S 451 サテン・S 349 F(2回巻き) 451	ち バック・S 3853 フライ・S 451 ストレート・S 3347、451 サテン・S 3347	つ ストレート・S 349 O 451 4025 745 3347 ストレート・S	て サテン・S 349 / 761 / 349 / 451 O	と サテン・S 3347 バック・S 4025 / 712 ストレート・S 4025 / 451 サテン・S
な バック・S 351 ストレート・S 351 サテン・S 351	に F(4回巻き) 745 ストレート・S 745	ぬ サテン・S 712	ね サテン・S 351 バック・S 349	の サテン・S 761
は バック・S 351	ひ サテン・S 3347 F(2回巻き)451 サテン・S 3853 ストレート・S 3347	ふ サテン・S 451 745	へ サテン・S 349 ストレート・S 451	ほ バック・S 349 サテン・S 3347
や サテン・S 3347	ゆ ストレート・S 451 F(2回巻き)351 サテン・S 349		F 451 F(2回巻き) 451 ストレート・S 451	よ サテン・S 745 F(2回巻き) 451 ジグザグ・S 451
ら バック・S 3347 バック・S 761	り バック・S 351 サテン・S 745 サテン・S 349	る ストレート・S 4025 バック・S 4025 サテン・S 451	れ サテン・S 349	ろ サテン・S 745 / 745 ストレート・S 349 / 451 サテン・S 451
わ	を	ん O 3853		

刺しゅうでマーク　フルーツのネームタグ

デザイン…こむらたのりこ　刺し方…46ページ
布提供／越前屋

刺しゅうの楽しみ方
ランチバッグとコップ入れ

一目で持ち物がわかるように、
名前と一緒に好きなフルーツのマークを刺しゅうしましょう。

デザイン…こむらたのりこ
作り方…47ページ　刺しゅう図案は43、46ページ
布提供／越前屋

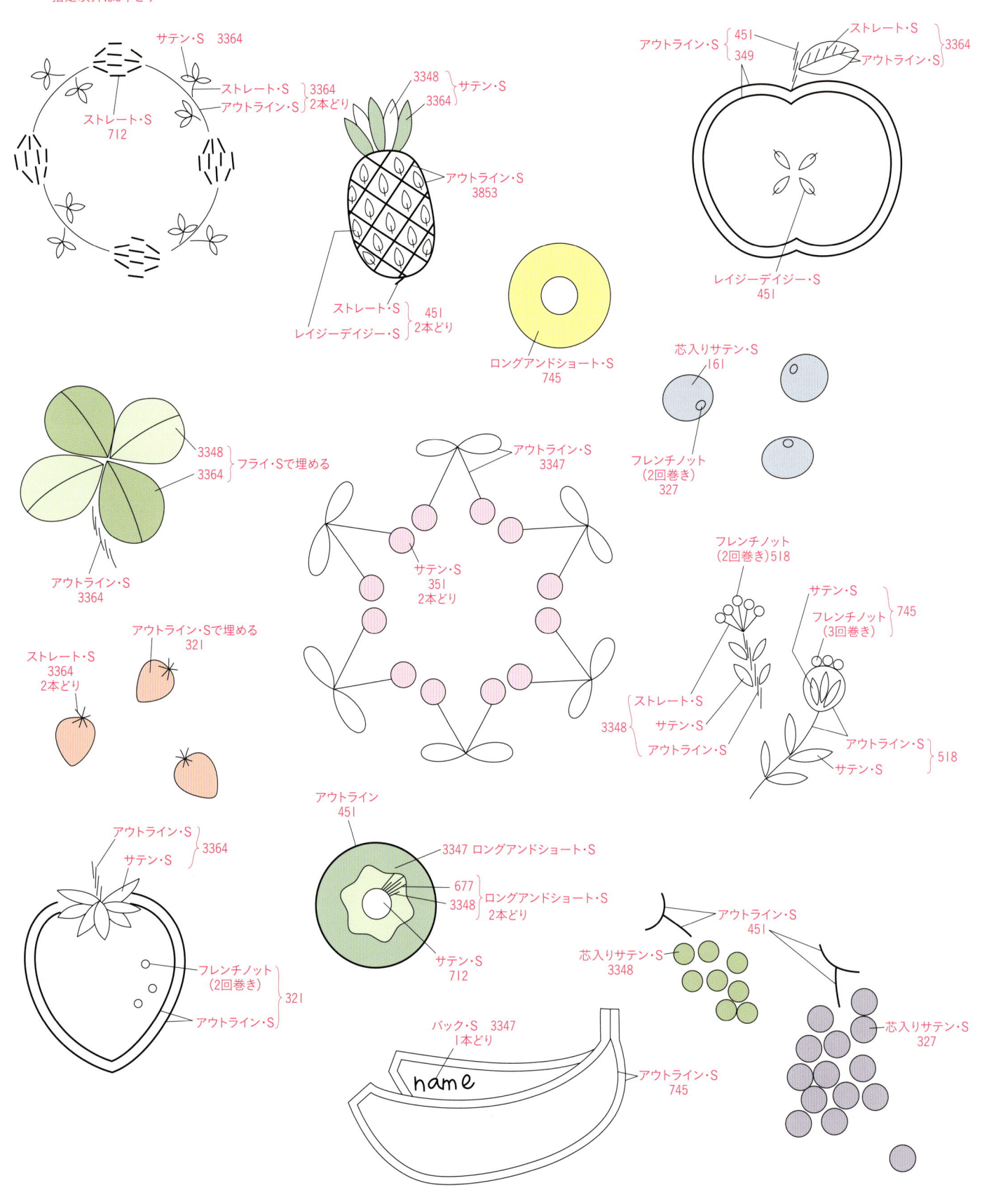

・糸はDMC25番しゅう糸
指定以外は3本どり

サテン・S 3364
ストレート・S 3364 2本どり
アウトライン・S
ストレート・S 712

ストレート・S 3348／3364 サテン・S
アウトライン・S 3853
ストレート・S 451 2本どり
レイジーデイジー・S

アウトライン・S 451／349　ストレート・S 3364 アウトライン・S
レイジーデイジー・S 451

ロングアンドショート・S 745

芯入りサテン・S 161
フレンチノット（2回巻き）327

3348／3364 フライ・Sで埋める
アウトライン・S 3364

アウトライン・S 3347
サテン・S 351 2本どり

フレンチノット（2回巻き）518
サテン・S 745
フレンチノット（3回巻き）
ストレート・S 3348
サテン・S
アウトライン・S
アウトライン・S 518
サテン・S

ストレート・S 3364 2本どり
アウトライン・Sで埋める 321

アウトライン・S
サテン・S 3364

アウトライン 451
3347 ロングアンドショート・S
677／3348 ロングアンドショート・S 2本どり
サテン・S 712

アウトライン・S 451
芯入りサテン・S 3348
芯入りサテン・S 327

フレンチノット（2回巻き）321
アウトライン・S

バック・S 3347 1本どり
name
アウトライン・S 745

ランチバッグとコップ入れ …写真45ページ

材料

ランチバッグ
表布用麻地　生成りと黄緑のチェック柄 28cm×41cm
ポケット用木綿地　生成り 10cm×18cm
綿ロープ　直径0.5cm　60cm×2本
DMC25番刺しゅう糸
でき上がり寸法：図参照

コップ入れ
表布用麻地　生成りと黄緑のチェック柄 23cm×38cm
ポケット用木綿地　生成り 9cm×16cm
綿ロープ　直径0.5cm　50cm×2本
DMC25番刺しゅう糸
でき上がり寸法：図参照

☆（　）内の縫い代をつけて裁ち、本体はまわりにジグザグミシンをかける

＜ランチバッグ＞

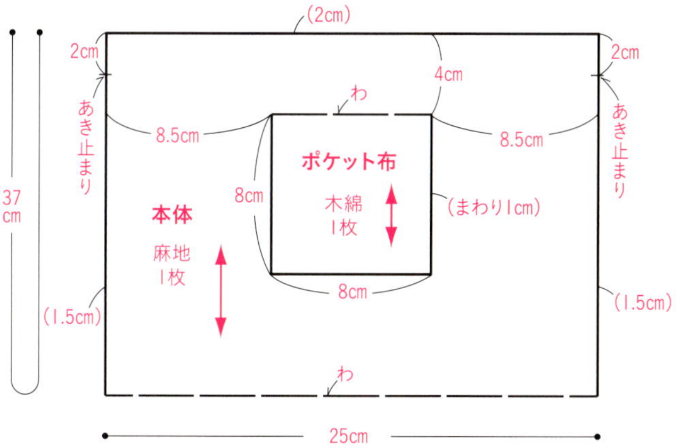

（2cm）／ 2cm ／ 4cm ／ 2cm ／ わ ／ 8.5cm ／ 8.5cm ／ あき止まり ／ ポケット布　木綿 1枚 ／ 8cm ／ 8cm ／ （まわり1cm） ／ 本体　麻地 1枚 ／ 37cm ／ （1.5cm） ／ わ ／ 25cm

＜コップ入れ＞

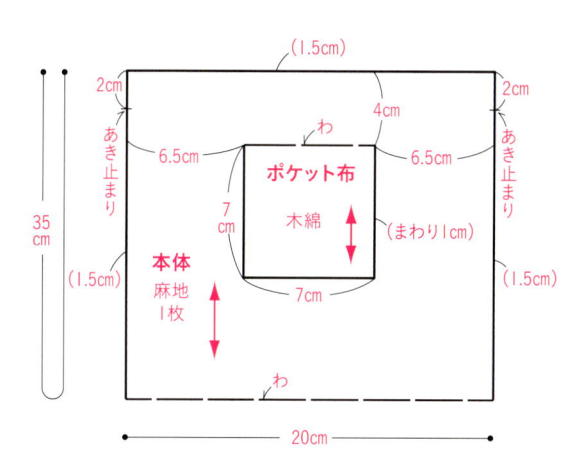

（1.5cm）／ 2cm ／ 4cm ／ 2cm ／ わ ／ 6.5cm ／ 6.5cm ／ あき止まり ／ ポケット布　木綿 ／ 7cm ／ 7cm ／ （まわり1cm） ／ 本体　麻地 1枚 ／ 35cm ／ （1.5cm） ／ わ ／ 20cm

＜ランチバッグ＞

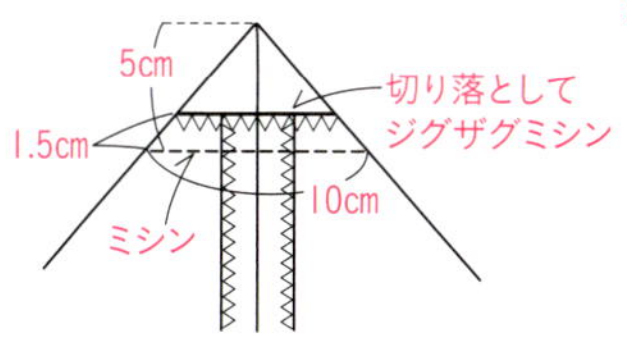

⑥あきのまわりを縫う
0.5cm　あき止まり
⑦入れ口の縫い代を折り、ひも通しを縫う
⑧綿ロープを2本左右から通して両端をひと結びする
1.3cm
4cm
③ポケット口にピンク(761)2本どりで3回ストレート・ステッチをする
④中表に合わせ、あき止まりまで縫う
13.5cm
8.5cm
0.3cm
②ポケット布の縫い代を裏側に折って外表に二つ折りにし、本体に縫いつける
⑤まちを縫い、縫い代1.5cm残してカットする
10cm
15cm
①ポケット布の片面に刺しゅうをする
5cm
1.5cm
10cm
切り落としジグザグミシン
ミシン

※りんごの図案は46ページを150％に拡大して刺す。
文字の図案は43ページを参照してグリーン(3345)で刺す

＜コップ入れ＞

作り方手順はランチバッグと共通

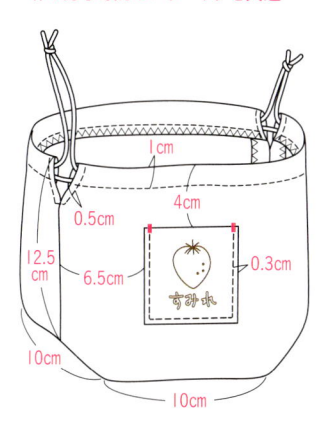

1cm
4cm
0.5cm
0.3cm
12.5cm
6.5cm
10cm
10cm

※いちごの図案は46ページ
文字の図案は43ページを参照してピンク(761)で刺す

いろいろな国旗

デザイン…西須久子　刺し方…49ページ

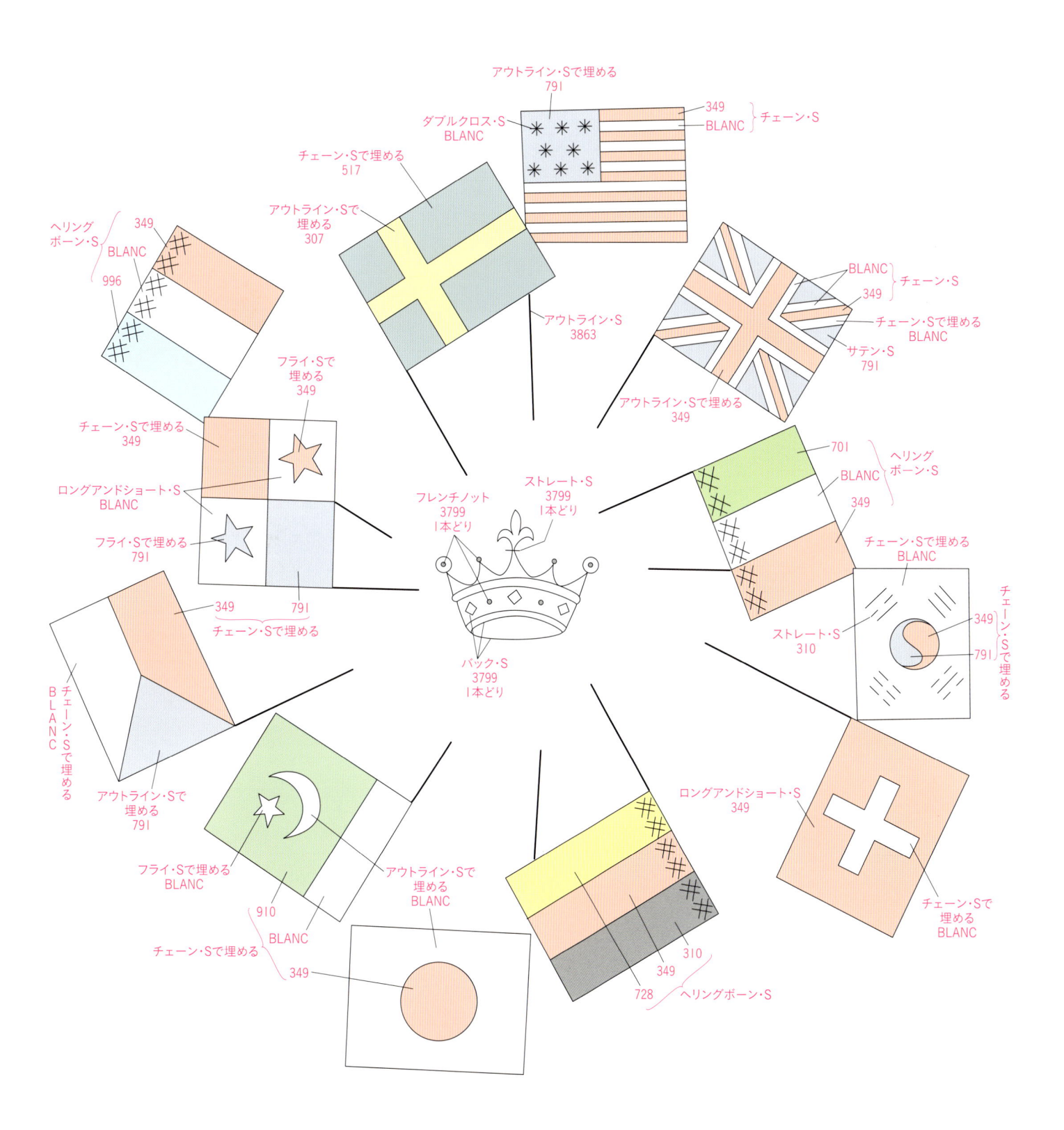

・糸はDMC25番刺しゅう糸
　指定以外は2本どり
・フラッグのまわりは、すべて3799 1本どりでバック・S

お気に入りの小もの

デザイン…朝山制子　刺し方…52ページ
布提供／越前屋

＊刺しゅうの楽しみ方＊
巾着

バッグの中では小さな巾着はいくつあっても重宝します。
ひもは好きな色の刺しゅう糸を三つ編みし、
タッセルをつけてカラフルに仕上げました。

デザイン…朝山制子
作り方…53ページ　刺しゅう図案は52ページ

- 糸はDMC25番刺しゅう糸 指定以外は2本どり
- ステッチは指定以外サテン・S

巾着…写真51ページ

材料（1個分）
綿ローン　白24cm×19.5cm
DMC25番刺しゅう糸
でき上がり寸法：10cm×15cm

☆（　）内の縫い代をつけて裁つ
　縫い代にジグザグミシンをかける

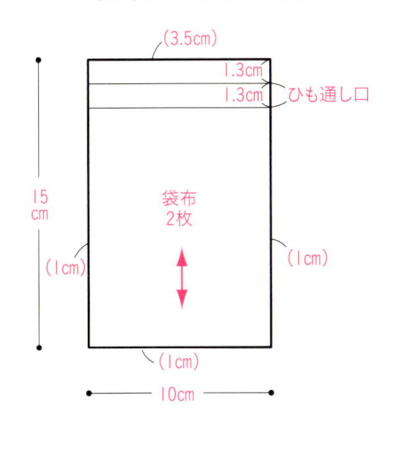

(3.5cm)
1.3cm
1.3cm　ひも通し口
袋布 2枚
15cm
(1cm)
(1cm)
10cm

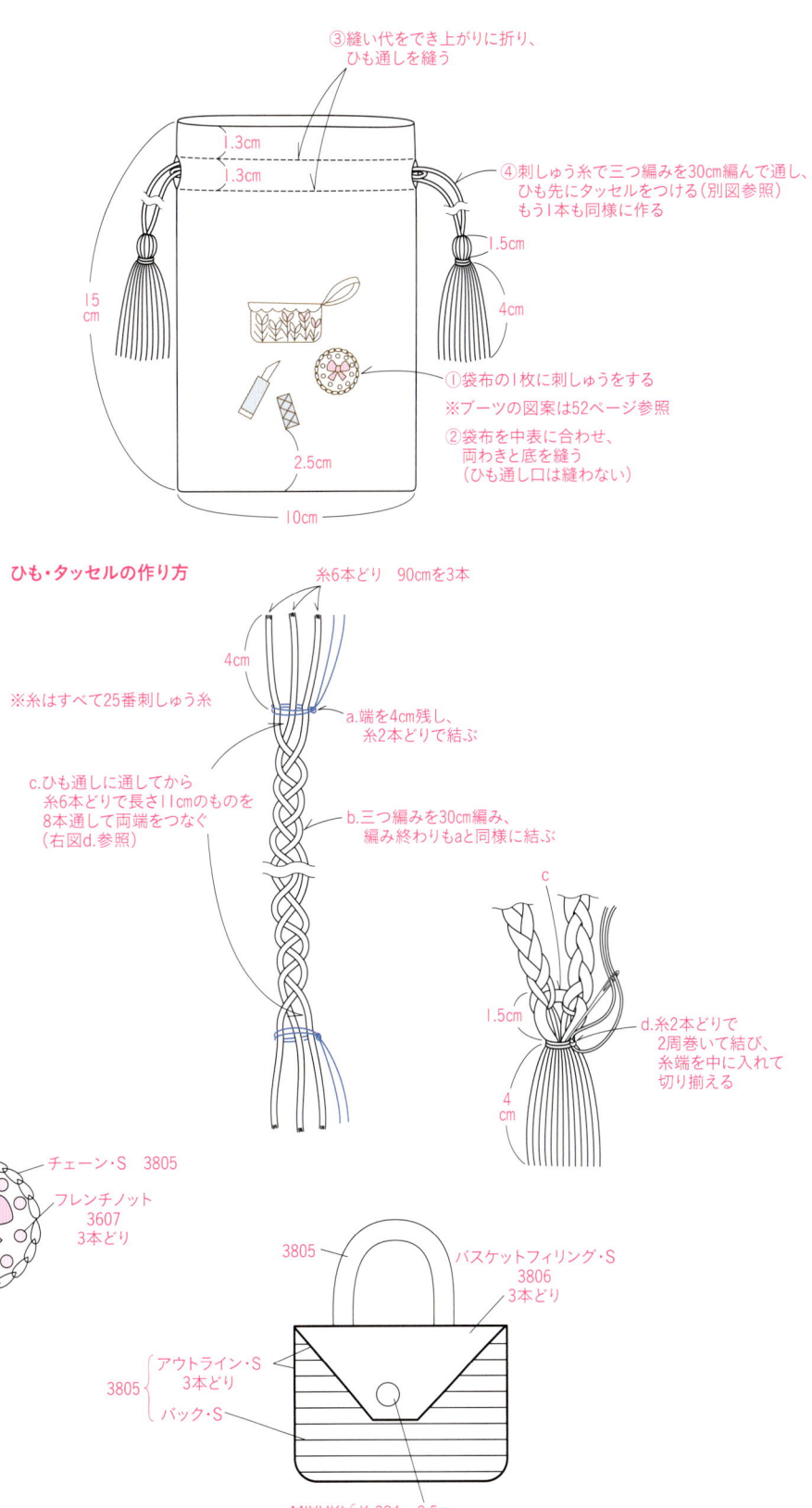

③縫い代をでき上がりに折り、
　ひも通しを縫う

1.3cm
1.3cm

④刺しゅう糸で三つ編みを30cm編んで通し、
　ひも先にタッセルをつける（別図参照）
　もう1本も同様に作る

1.5cm
4cm
15cm
2.5cm
10cm

①袋布の1枚に刺しゅうをする
※ブーツの図案は52ページ参照
②袋布を中表に合わせ、
　両わきと底を縫う
　（ひも通し口は縫わない）

ひも・タッセルの作り方

※糸はすべて25番刺しゅう糸

糸6本どり　90cmを3本
4cm

a.端を4cm残し、
　糸2本どりで結ぶ

b.三つ編みを30cm編み、
　編み終わりもaと同様に結ぶ

c.ひも通しに通してから
　糸6本どりで長さ11cmのものを
　8本通して両端をつなぐ
　（右図d.参照）

1.5cm

d.糸2本どりで
　2周巻いて結び、
　糸端を中に入れて
　切り揃える

4cm

・糸はDMC25番刺しゅう糸
　指定以外は2本どり
・ステッチは指定以外サテン・S

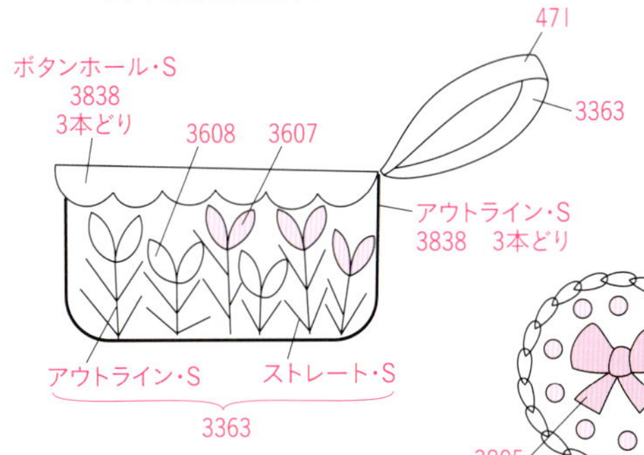

ボタンホール・S　3838　3本どり
3608　3607
471
3363
アウトライン・S　3838　3本どり
アウトライン・S　ストレート・S
3363

チェーン・S　3805
フレンチノット　3607　3本どり
3805

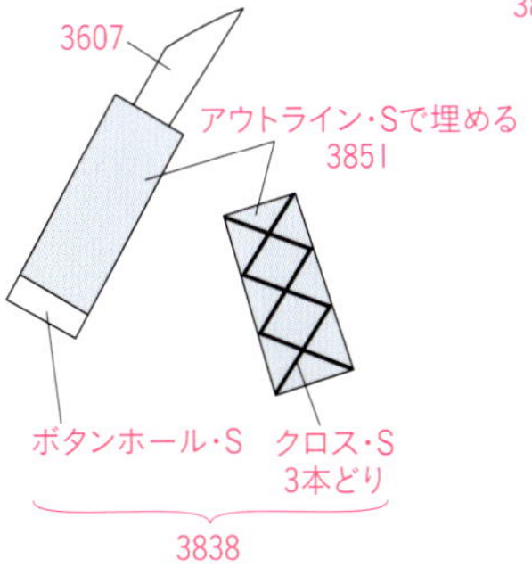

3607
アウトライン・Sで埋める
3851
ボタンホール・S　クロス・S　3本どり
3838

3805
バスケットフィリング・S　3806　3本どり
アウトライン・S　3本どり
3805
バック・S
MIYUKI　K384　3.5mm
白パール　K381　2mm

Yuzukoさんのイラスト刺しゅう

かわいいイラストをみつけたら、刺しゅうのデザインにしてみませんか？
刺しゅう部分との凹凸を楽しみながら、女の子やネコ、トレーなどは油性のペンで描きましょう。
このページを参考にして、お子さんの描いた絵を刺しゅうしてみてはいかがですか？

スイーツ

イラスト…Yuzuko　刺しゅう製作…西須久子
刺し方…55ページ
布提供／越前屋

・糸はDMC25番刺しゅう糸
　指定以外は2本どり
・ステッチは指定以外バック・S

クリスマスリース

イラスト…Yuzuko　刺しゅう製作…西須久子
刺し方…57ページ
布提供／越前屋

・糸はDMC刺しゅう糸
　指定以外は25番2本どり、D(ディアマント)は1本どり
・ステッチは指定以外アウトライン・S

Joyeux Noël

アウトライン・Sで埋める ┐
フレンチノット　　　　 ┘ D3852

ロングアンドショート・S　349
サテン・S　1本どり

コーチングで埋める　986
2本どりを1本どりでとめる

フレンチノット　3810

バック・S　3810

D3852

D321

アウトライン・Sで埋める　D321
D3852
アウトライン・Sで埋める　349
サテン・S　3810

バック・S
サテン・S ┐ 986
コーチング ┘ サテン・S } D3852

アウトライン・Sで埋める　B5200

サテン・S　349

アウトライン・Sで埋める　986

コーチングで埋める　349
2本どりを1本どりでとめる

バック・S　349

349

バック・S　728
728

D3852　2本どり
ランニング・S

フライ・S　D699

アウトライン・Sで埋める　D321

サテン・S　349

コーチングで埋める　D3852
サテン・S　3810

フライ・S
D3852

バック・S　728
ロングアンドショート・S

ストレート・S
バック・S } 3810

728
アウトライン・Sで埋める　728

フレンチノット ┐
バック・S　　 ┘ D3852

3810

ロングアンドショート・S
3810　1本どり

アウトライン・Sで埋める　D321

D699

サテン・S　D3852
ランニング・S　D321
ランニング・S　728

フライ・S　3810

コーチングで埋める　D321
3810

349 { チェーン・Sで埋める
　　　バック・S

ストレート・S
D3852

ストレート・S ┐
バック・S　　 ┘ 728

サテン・S
バック・S } 3810

986
ロングアンドショート・S
986　1本どり

サテン・S　D321

728

ロングアンドショート・S
728　1本どり

3810

バック・S ┐
サテン・S ┘ 3810

D3852　D699　3810　349　D3852

57

マスキングテープ

イラスト…Yuzuko　刺しゅう製作…西須久子
刺し方…59ページ
布提供／越前屋

・糸はDMC刺しゅう糸

アウトライン・S　バック・S　ストレート・S　サテン・S　バック・S　　　　クロス・S

バック・S　　　　　　　　　　　　　　　　　アウトライン・Sで埋める　　　　　　　　　バック・S

・糸は25番刺しゅう糸920　2本どり

アウトライン・S　ストレート・S　フレンチノット　ロングアンドショート・S　　ストレート・S　フレンチノット　クロス・S
　　　　　　　　　　　　　　　　　　　　　1本どり　　　　　　　　　　　ストレート・S　バック・S

サテン・S　サテン・S　フレンチノット　　　　　　　サテン・S　　　　　　　　サテン・S
　　　　　バック・S　　BLANC

・糸は指定以外
　25番刺しゅう糸
　931　2本どり

・糸は25番刺しゅう糸987　2本どり

バック・S　アウトライン・S　フレンチノット

アウトライン・S　　バック・S

フレンチノット　　　　ストレート・S　サテン・S
バック・S　　　　　　　　　　　　　　フレンチノット　クロス・S
　　　　　　　　アウトライン・S　　　　　　　　　　バック・S

・糸はディアマントD3852　1本どり

ランニング・S　アウトライン・S　　　　クロス・Sの上にコーチング

バック・S

アウトライン・S　ストレート・S　サテン・S　フレンチノットで埋める　チェーン・Sで埋める　サテン・S

ストレート・S

バック・S　　フライ・S
　　　　　　コーチング

・糸は25番刺しゅう糸
　742　2本どり

アウトライン・Sで埋める

・糸は25番刺しゅう糸
　B5200　指定以外2本どり

バック・S　フレンチノット　ストレート・S　アウトライン・S　ランニング・S　ストレート・S
　　　　　　　　　　　　　　　　　　　　　　　　　　　　フレンチノット
　　　　　　　　　　　　　　　　　　　　　　　　　　　　　　　　　アウトライン・S
　　　　　　　　　　　　　　　　　　　　　　　　　　　　バック・S

アウトライン・S　1本どり　　バック・S　フライ・S　ストレート・S
　　　　　　　　　　　　　　　　　　　　　　　3本どり

59

Cross-Stitch

クロス・ステッチの基礎

クロス・ステッチは布の織り糸を数えながら「×」の形に糸を渡すステッチです。
きれいに刺すコツは、上になる糸が同じ方向になるように規則正しく刺すことです。
針運びは布をすくうよりも、1針ずつ表に「出す」、裏に「入れる」を繰り返す方が均一に美しく仕上がります。
あまり糸を引きすぎず、同じ強さで刺しましょう。

材料と用具

＊布と針について

布選びの際は、縦糸と横糸が均一に揃っていて、目数の数えやすい布がよいでしょう。ジャバクロスやアイーダは目数が数えやすくて最適です。

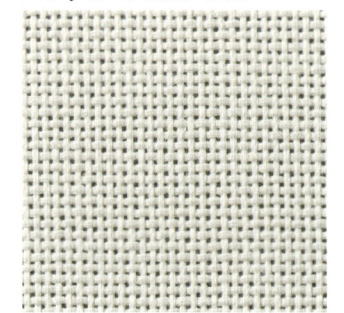

針は先端が丸いクロス・ステッチ針を使います。方眼に描かれた図案は1マスが1つの「×」模様を表しています。布目の大きさはさまざまで、メーカーによって異なります。布に表記されている数字は10cmの布に何目のマスがあるかを表しています。例えば、DMCのアイーダ14カウント（55×55目）の布は、布10cm四方に縦、横共に約55目あることを意味します。目の粗い布は縦、横1マスに図案1マスの「×」を刺しますが、目の詰まった麻布などは縦、横2マスを1目に数えて「×」を刺すこともあります。また、目の詰まった布に刺したい時は抜きキャンバスやソルブルステッカーなどを使うと便利です。

ジャバクロス（中目）（約35×35目）
ジャバクロス（細目）（約45×45目）
アイーダ11カウント（約40×40目）
アイーダ14カウント（約55×55目）
アイーダ18カウント（約70×70目）
コングレス（約70×70目）

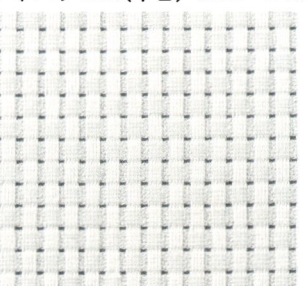

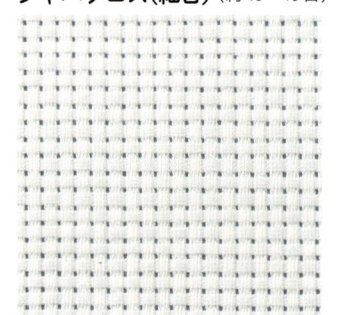

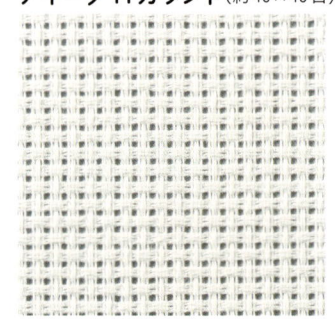

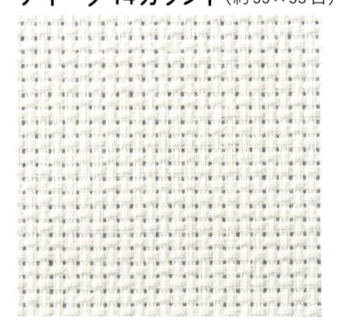

（実物大）
クロバー クロスステッチ針
DMC

使用針の目安

針の番号	25番刺しゅう糸	布
19番	6本以上	ジャバクロス（粗目・中目）
20番	6本	ジャバクロス（中目）
21番	5～6本	ジャバクロス（細目）
22番	3～5本	アイーダ11・14カウント
23番	2～3本	アイーダ18カウント・コングレス

※針番号はクロバー社のもの
※5番刺しゅう糸は19～20番が目安

＊作品の大きさは布目の大きさによって変わります

下の写真は目数の異なる布に同じ図案を刺しました。数字が大きくなるほど布目は詰まり、小さな作品になります。
（写真は実物大）

ジャバクロス（中目）
(35×35目)　6本どり

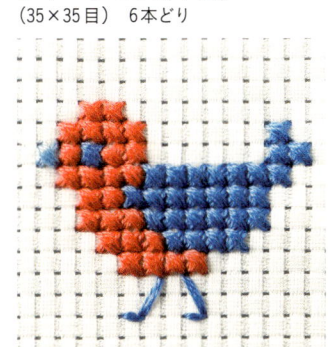

アイーダ11カウント
(40×40目)　4本どり

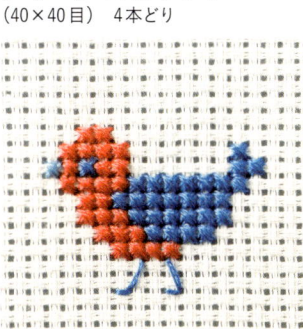

アイーダ14カウント
(55×55目)　3本どり

アイーダ18カウント
(70×70目)　2本どり

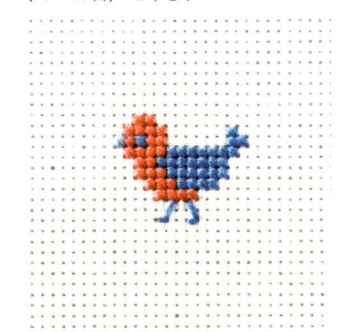

＊クロス・ステッチに便利なグッズ

布目の数えにくい布に刺す場合は、抜きキャンバスやソルブルステッカーが役に立ちます。

【抜きキャンバスの使い方】

20目ごとにブルーの色糸が織り込まれていて、目数を数える時に便利です。抜きキャンバスはマス目になったキャンバスで、使う時は図案より一回り大きめにカットし、まわりをしつけでとめます。この時マス目が歪まないように布目に気をつけて縫いとめましょう。動かないように固定したら、キャンバスの上から刺しゅうをします。きれいに刺すコツは、キャンバス分の厚みが出るのでやや糸を引き気味に刺すことと、クロス・ステッチの目が同じ針穴から出ているかどうか、時々裏返して確認しながら刺しましょう。刺し終わったらキャンバスの糸を1本ずつ丁寧に取り除きます。

（実物大）

抜きキャンバス
(DMC)25カウント
(100×100目)

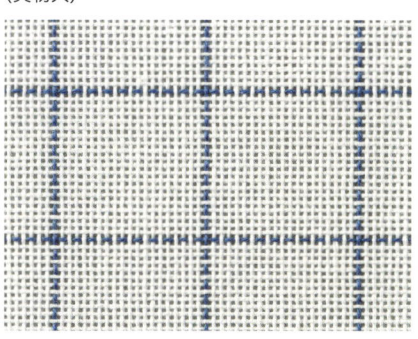

【ソルブルステッカーの使い方】

ソルブルステッカーは水溶性のシートで、布に貼って刺しゅうをし、水に溶かすだけなのでとてもかんたんです。ブラウスやバッグなどのワンポイント刺しゅうをする時にも便利です。図案より一回り大きくカットし、剥離面をはがして布に貼り、マス目を数えながら刺しゅうをします。抜きキャンバス同様にクロス・ステッチの目が同じ針穴から出ているかどうか時々裏返して確認しながら刺しましょう。刺し終わったら、水で洗ってシートを溶かします。

（実物大）

ソルブルステッカー
(DMC)11カウント
(約40×40目)

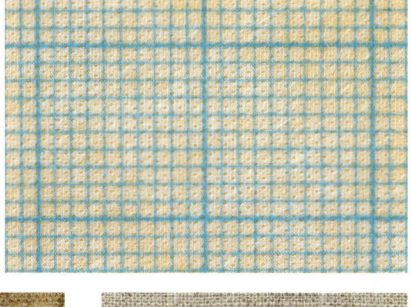

1 ソルブルステッカーを図案より一回り大きくカットして布に貼り、刺しゅうをする

2 水につけて洗う（写真は半分水につけたところ）

3 水につけるとシートが溶けてなくなる

4 完全に溶けたら乾かしてアイロンをかけて仕上げる

【ステッチの刺し方】

クロス・ステッチ

＊横に往復して仕上げる方法
同じ色を連続して刺したり、広い面積を刺す時などの一般的な刺し方です。

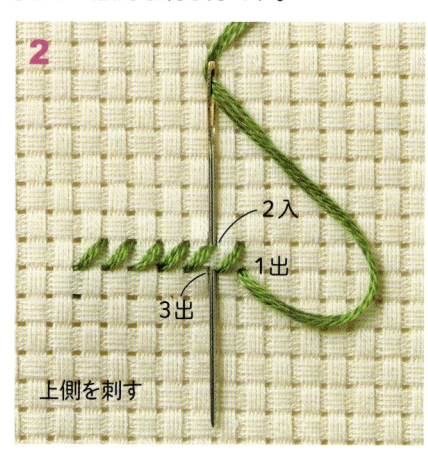

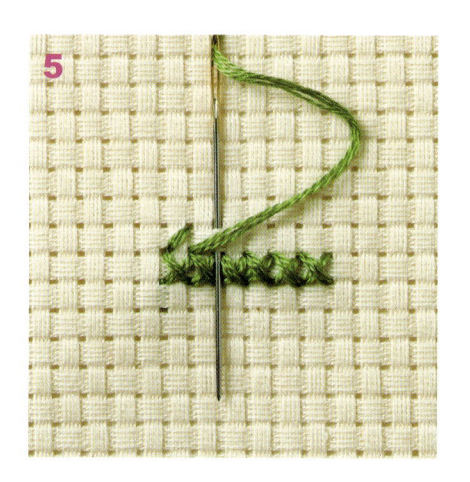

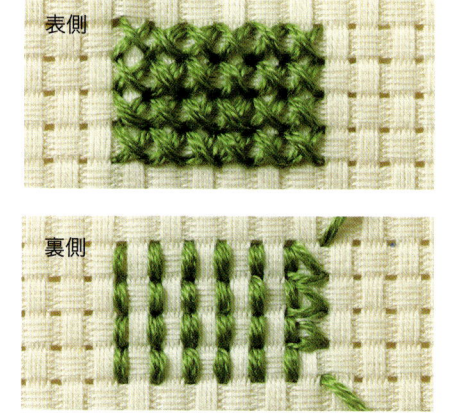

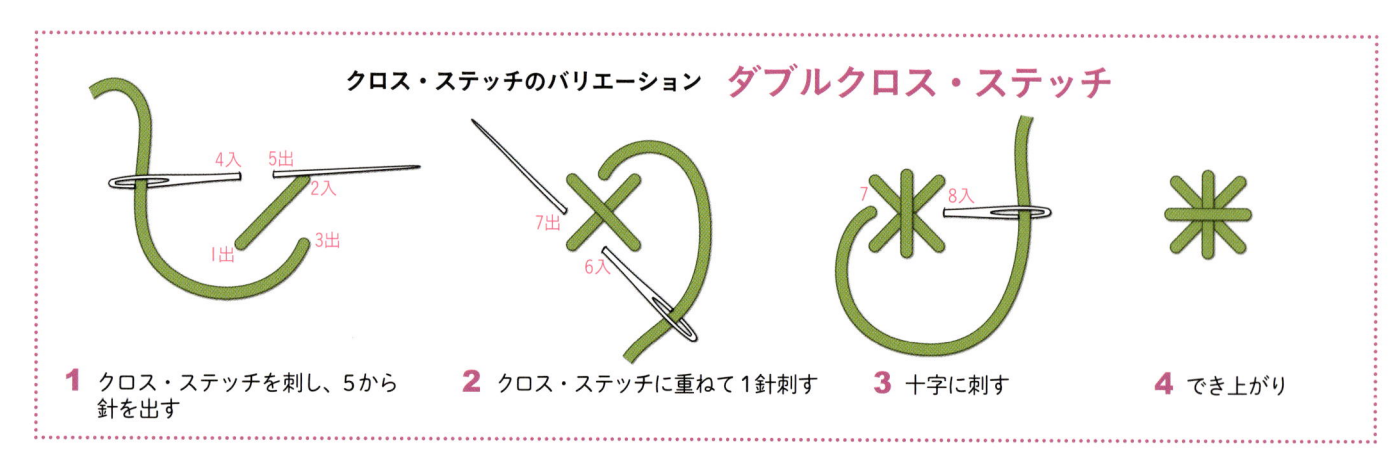

1 2入 8入 1出 3出 9出 ×の下側を刺す

2 2入 1出 3出 上側を刺す

3 2列め

4

5

表側
裏側

クロス・ステッチのバリエーション　ダブルクロス・ステッチ

1入 3出 4入 5出 2入

6入 7入

7 8入

1 クロス・ステッチを刺し、5から針を出す

2 クロス・ステッチに重ねて1針刺す

3 十字に刺す

4 でき上がり

＊1目ずつ仕上げていく方法

図案が飛ぶ場合や、ポイントに1目刺す時の刺し方です。

縦に刺し進む方法

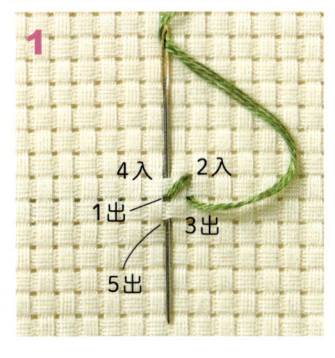

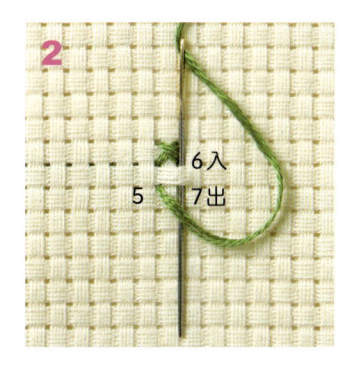

1 4入 2入 / 1出 3出 / 5出

2 6入 / 5 7出

3 2列め

4

5

表側

裏側

斜めに刺し進む方法

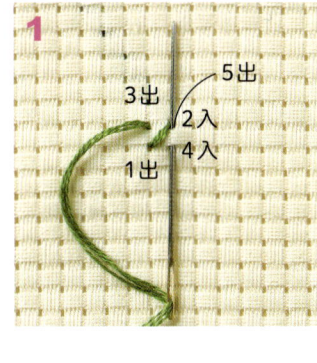

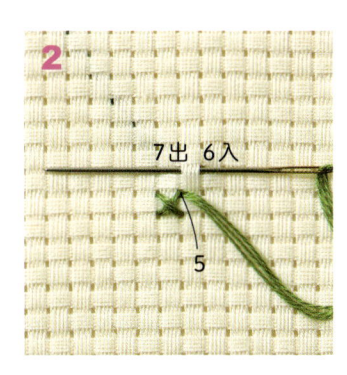

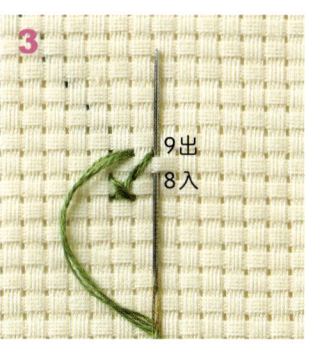

1 3出 5出 / 2入 / 4入 / 1出

2 7出 6入 / 5

3 9出 8入

表側

裏側

63

ホルベイン・ステッチ

ホルベイン・ステッチはライン・ステッチとも呼ばれ、クロス・ステッチと組み合わせて模様の輪郭を表したり、境界線をはっきりさせる時などに使う刺し方です。見た目はバック・ステッチに似ていますが、刺し方はランニング・ステッチの要領で一方向に刺し進み、逆方向に戻って刺します。戻る際の針運びは、先に刺した針目に対して、常に同じ方向になるように刺すことがきれいに仕上げるポイントです。また、バック・ステッチとの大きな違いは、バック・ステッチの裏側は糸が重なって厚みが出るのに対し、ホルベイン・ステッチは表と裏が同じ仕上がりになります。

直線に刺し進む方法

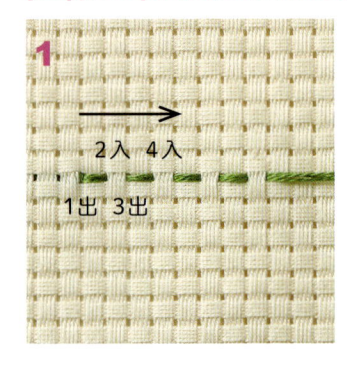

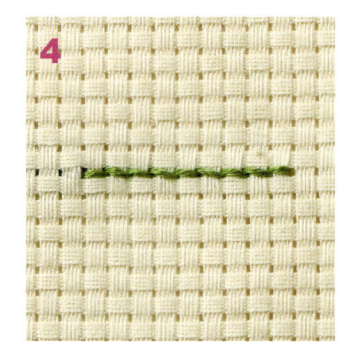

1 2入 4入 / 1出 3出

2 右から左に刺し戻る。

3 糸の出ている針穴の右上から下側に針を出す

4

斜めに刺し進む方法

1

2 針穴の上から下に針を出す

3

4

階段状に刺し進む方法

1

2 1 / 3 / 2 / 5 / 7 / 4 / 11出 / 9 / 6 / 13出 / 8 / 10入 / 12入

3

4

＊刺しゅうの楽しみ方＊
メッセージカード

クリスマスには心を込めて手作りのカードを贈りましょう。
布の目を数えながら刺すクロス・ステッチは、
刺しゅうはじめてさんにもおすすめです。

デザイン…大澤典子
刺しゅう図案は67ページ
布提供／DMC

作り方のワンポイント

67ページの図案を参照して、18カウント(70×70目)の布に刺しゅうをします。ポストカード2枚分のサイズにカットした色紙を2枚用意し、1枚は刺しゅうの図案に合わせて窓を開けるようにカットします。刺しゅう布をはさみ、もう1枚の色紙を両面テープで貼り合わせます。メッセージ用に一回り小さくカットした白い紙をはさみます。

クリスマス

デザイン…大澤典子　刺し方…67ページ
布提供／DMC

・糸は指定以外DMC25番刺しゅう糸2本どり

・	=B5200
✖	=304
—	=3072
V	=3813
N	=927
▲	=3863
T	=3864
O	=3856
★	=924
■	=3799
∕	=3823
◐	=841
>	=842
□	=977
=	=3827
╱	=3866
✕	=3752
◣	=948
◪	=760
◨	=761
B	=3713
Ω	=3855
△	=3822
◎	=931

67

不思議の国のアリスの世界から

デザイン…大澤典子　刺し方…69ページ
布提供／DMC

・糸は指定以外DMC25番刺しゅう糸2本どり

記号	色番
□	3813
T	3864
●	3835
V	778
C	3689
X	3822
◆	3799
╱	841
I	948
・	B5200
=	758
H	680
★	932
▨	3072
+	3713
☆	353
P	3821
╱	761
℧	842
▲	926
O	927
−	928
△	3753
◎	3752
✕	597
◐	3810
#	3811
N	598
▰	930
Z	318
B	317
∥	543
◇	DMC ライトエフェクト E3821

69

一色刺しゅうの連続模様

デザイン…大澤典子　刺し方…71ページ
布提供／DMC

・糸はDMC25番刺しゅう糸2本どり

=931	⊠=3752	▲=642	=3731	○=3354
●=932	=640	∣=644	■=3733	

ホルベイン・S 640
ホルベイン・S 640
ホルベイン・S 3731

薔薇

デザイン…笹尾多恵　刺し方…74ページ
布提供／DMC

きのこ

デザイン…笹尾多恵　刺し方…75ページ
布提供／DMC

・糸はDMC25番刺しゅう糸2本どり

●	=3772
ୟ	=407
I	=842
V	=3022
△	=3712
S	=224
−	=951
■	=611
·	=833
♥	=976
⊁	=3854
⊥	=945
◎	=3011
∧	=3013
=	=745
B	=712
C	=3364
□	=3774
\	=746
O	=732
▲	=152
X	=225
⊕	=3866
Z	=3046
◐	=3778
⁄	=3779
⋏	=3770
★	=434
T	=733
☆	=3047
U	=712
⋈	=522
✹	=948
Y	=3823

・糸はDMC25番刺しゅう糸2本どり

記号	色番
●	3861
▽	453
▽	677
▲	3022
○	613
＋	738
★	433
Z	402
I	3856
U	739
◐	729
‖	3822
—	3823
∧	3046
♥	3830
T	754
B	3782
✳	712
■	3863
人	437
⊕	165
△	3045
⊥	3047
Ω	644
✕	640
・	648
X	647
＝	722
□	372
☆	610
S	370
≦	3072
◎	3860
Y	841

75

クロス・ステッチのアルファベット

デザイン…大澤典子　刺し方…77ページ
布提供／DMC

ホルベイン・S
3803

・糸はDMC25番
刺しゅう糸2本どり

■ =3803
● =3687
○ =3688
✕ =3689

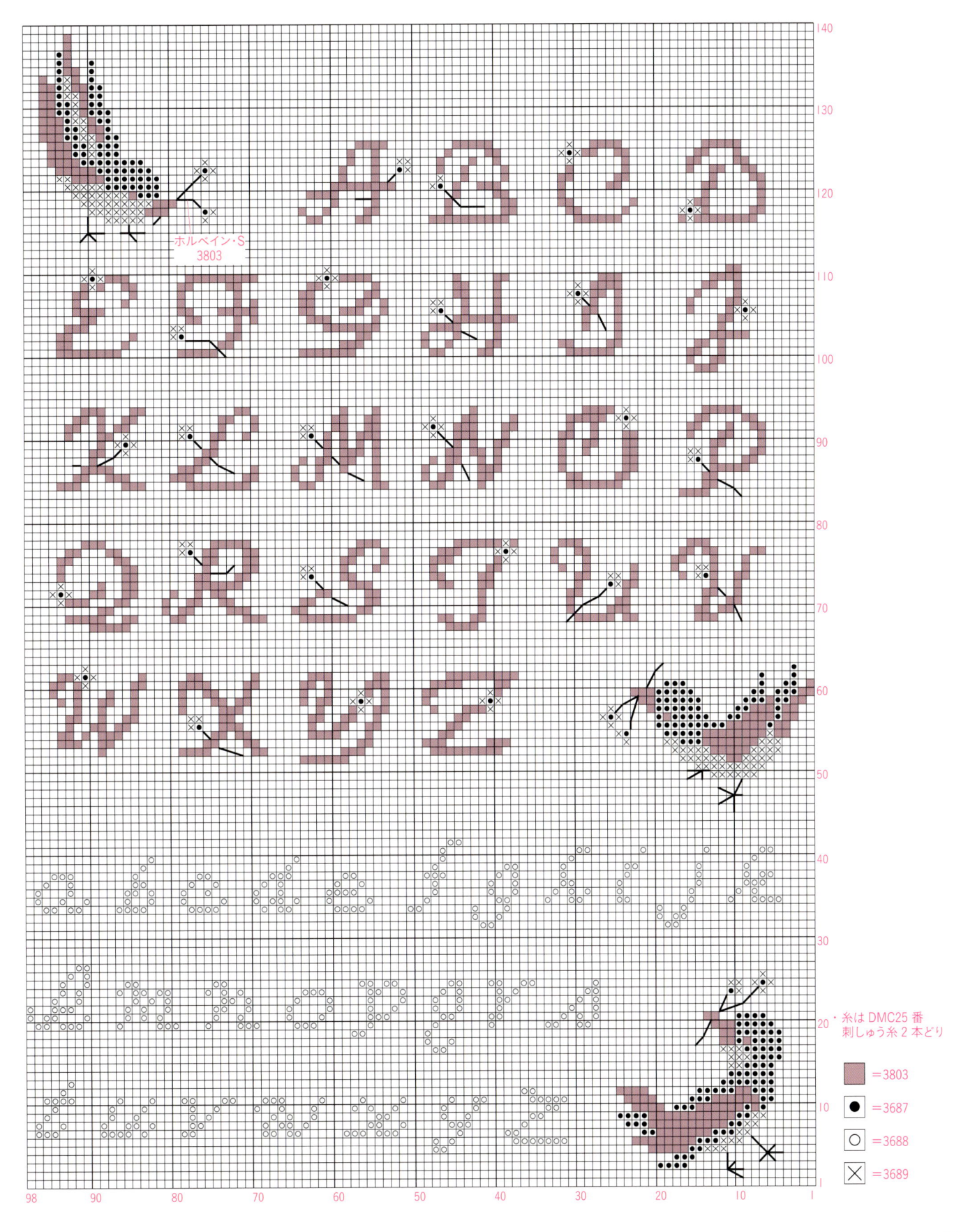

スタンプワークの基礎

スタンプワークは17世紀頃、イギリスで流行した刺しゅうで、渡した糸にかがったり、綿を詰めてふっくらさせることで立体の模様になる刺しゅうです。
かがり方はフランス刺しゅうのテクニックが使われています。
渡した糸にかがっていく際は糸を割らないように気をつけましょう。
かがりにくい時は、先端の丸いクロス・ステッチ針に替えたり、針穴側から渡した糸をすくうとかがりやすいでしょう。

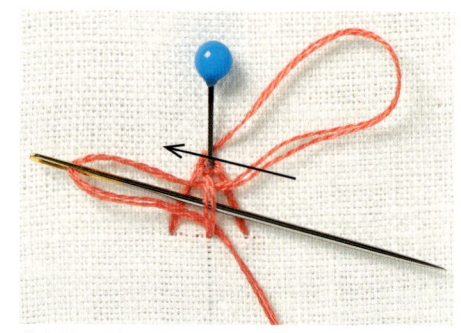

針穴側から渡した糸をすくう

【ステッチの刺し方】

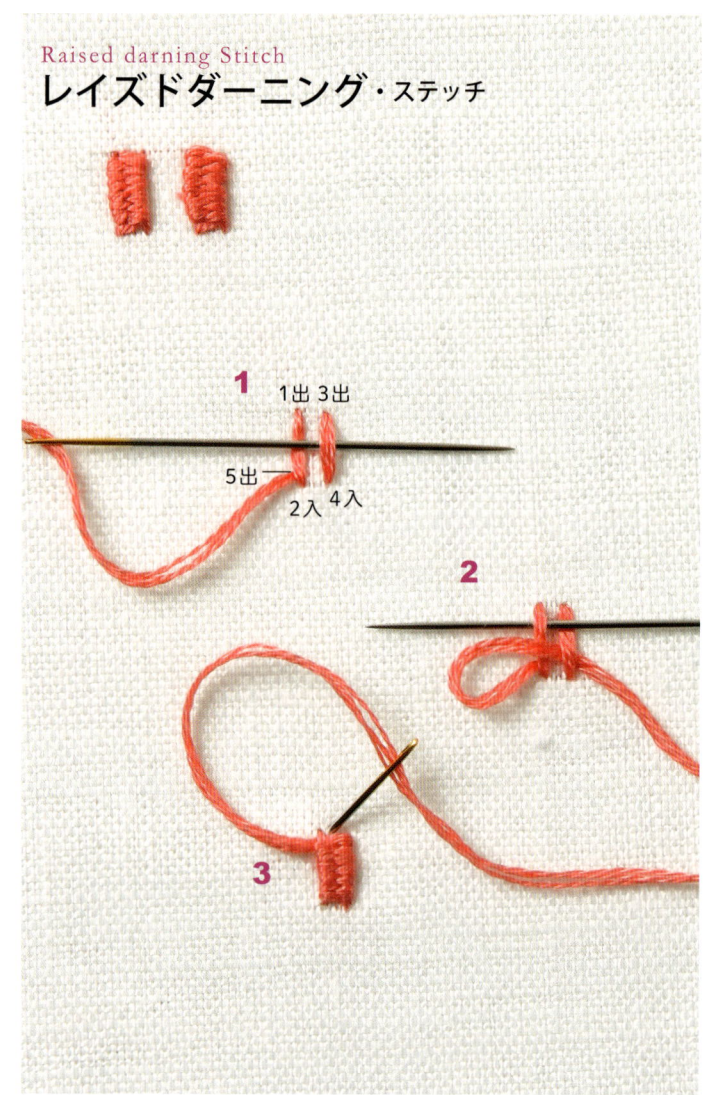

Raised darning Stitch
レイズドダーニング・ステッチ

1 ストレート・ステッチで等間隔に糸を渡し、1本すくう
2 布をすくわずに1本ずつ交互にすくう
3 最後はきわに針を入れる

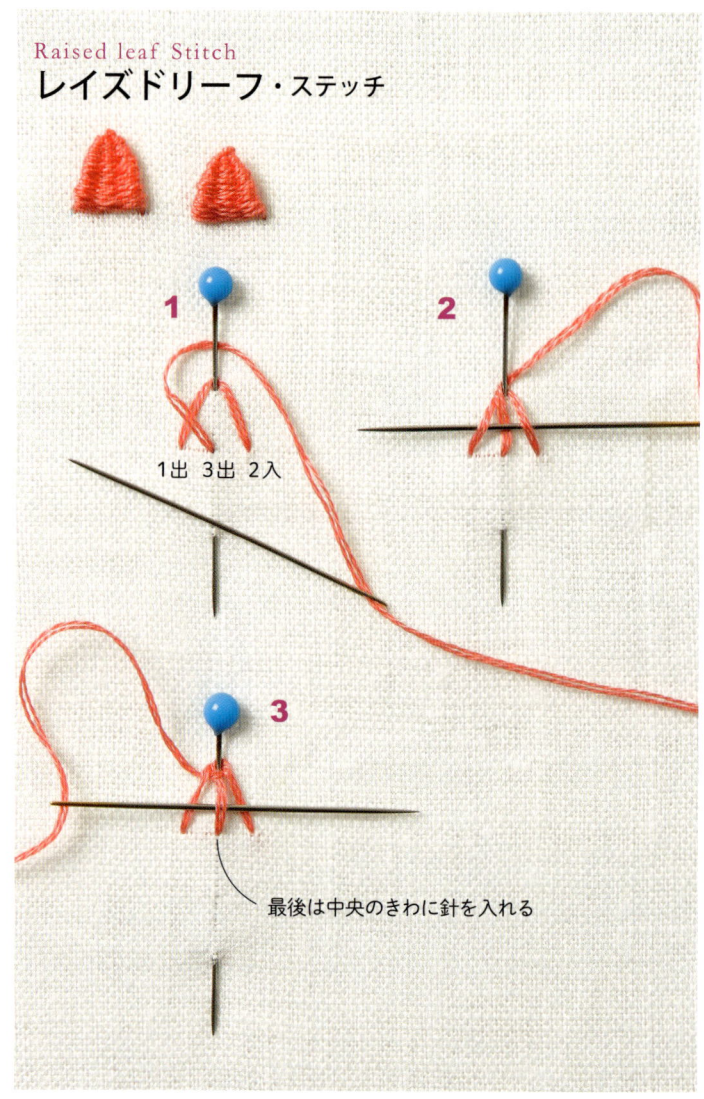

Raised leaf Stitch
レイズドリーフ・ステッチ

1 1、2と針を入れ、芯になる糸の中央をまち針でとめて糸をかける。
  1、2の中間から3を出し、まち針に糸をかける
2 渡った糸を2本すくう
3 中央の糸を1本すくって戻る。2、3を繰り返しかがる

最後は中央のきわに針を入れる

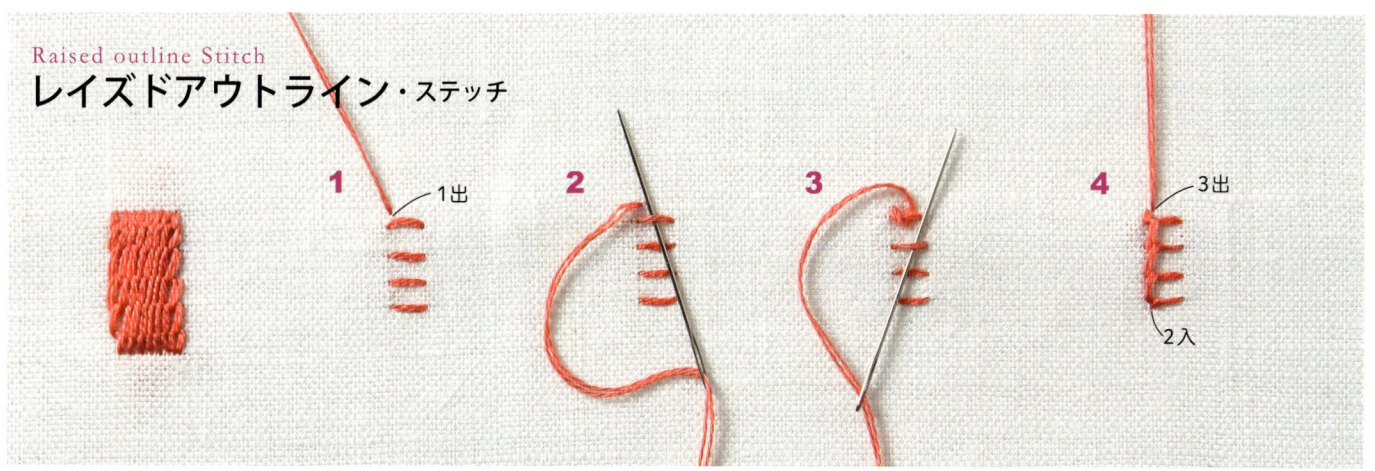

Raised outline Stitch
レイズドアウトライン・ステッチ

1 ストレート・ステッチで等間隔に糸を渡し、渡した糸の左上に糸を出す
2 渡した糸を1本すくう
3 アウトライン・ステッチの要領で1本ずつすくう
4 下まですくったら、左下に針を入れ、左上に糸を出して続けてかがる

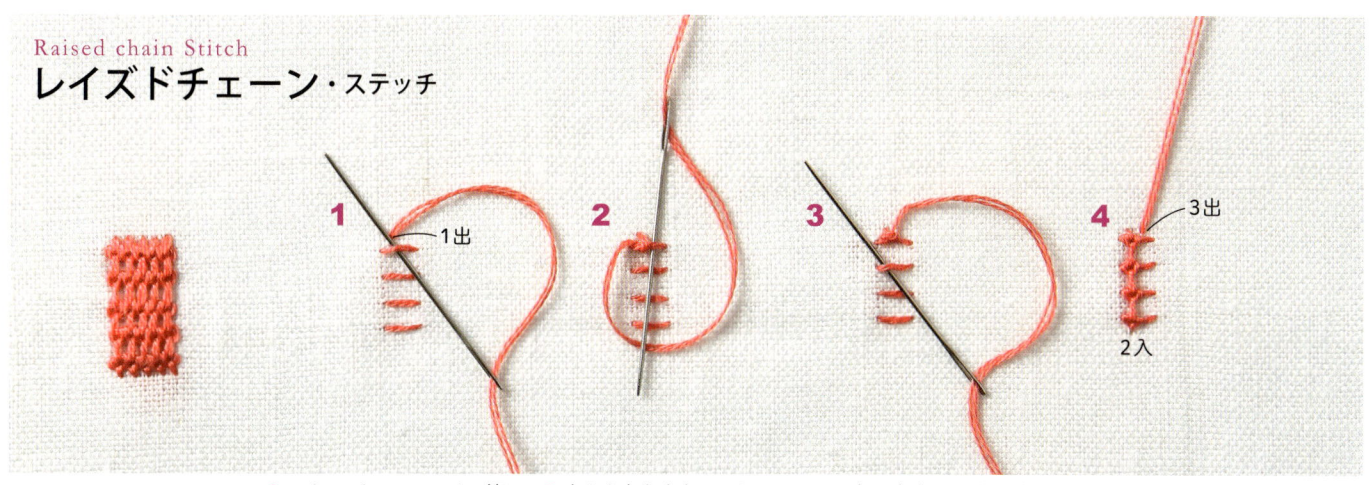

Raised chain Stitch
レイズドチェーン・ステッチ

1 ストレート・ステッチで等間隔に糸を渡し、左上に糸を出し、下から糸をすくう
2 上から糸をすくってチェーン・ステッチの要領で針に糸をかけて引き締める
3 次の糸を下からすくい、2を繰り返す
4 下までかがったら、左下に針を入れ、左上に糸を出して続けてかがる

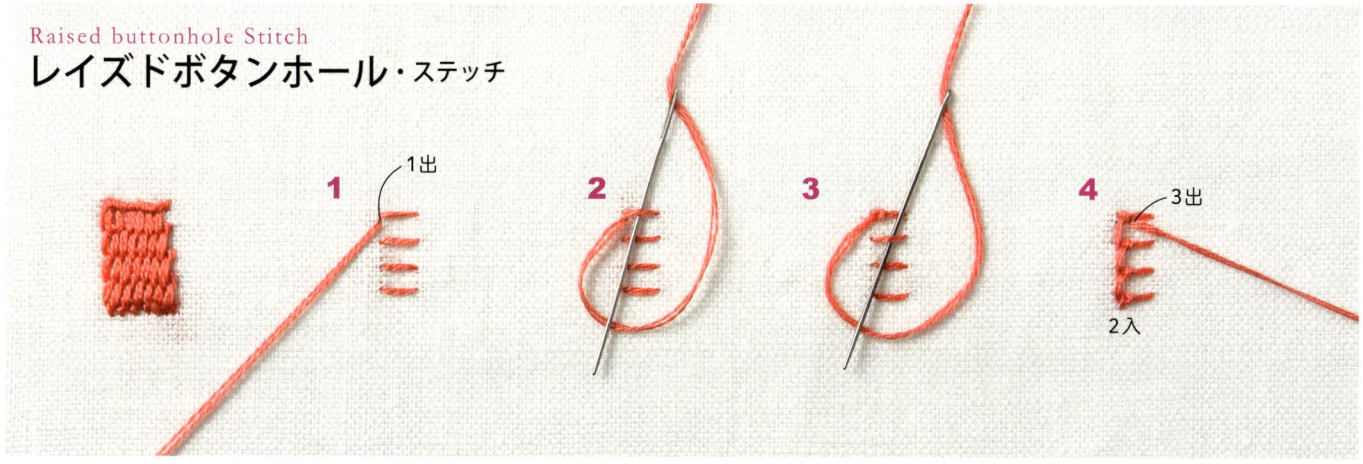

Raised buttonhole Stitch
レイズドボタンホール・ステッチ

1 ストレート・ステッチで等間隔に糸を渡し、1本めの左下に糸を出す
2 渡した糸の上から下に1本ずつすくって糸をかけ、針を引く
3 次の渡った糸を上からすくい、ボタンホール・ステッチの要領で針に糸をかけて続けてかがる
4 下までかがったら、左下に針を入れ、一番上に渡した糸の下に針を出して続けてかがる

Raised french knot
レイズドフレンチノット

オーガンジー

1

2

3

1 薄手のオーガンジーに図案を写す。
2 でき上がりより少し大きめにフレンチノットで刺し埋め、まわりをぐし縫いして余分な布をカットする
3 綿を詰めてぐし縫いの糸を引き、折り代を内側に入れ、たてまつりでとじつける

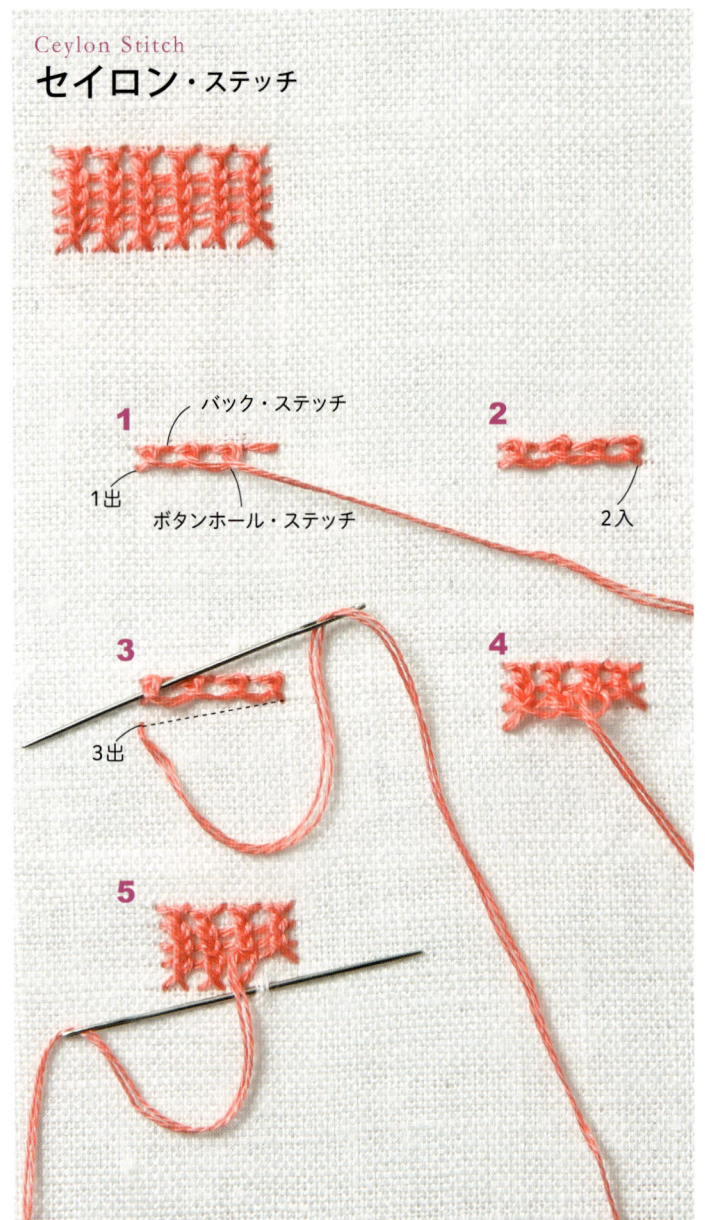

Ceylon Stitch
セイロン・ステッチ

1 バック・ステッチ
1出 ボタンホール・ステッチ

2
2入

3
3出

4

5

1 バック・ステッチをし、1列めは糸だけをすくってボタンホール・ステッチでかがる
2 1列めの最後は下に針を入れる
3 左下から糸を出し、図のように糸だけをすくいながらかがる
4 毎段左下に戻って糸を出し、前段の糸をすくいながらかがる
5 最終段は布をすくいながらかがりとめる

Buttonhole Stitch
ボタンホール・ステッチ

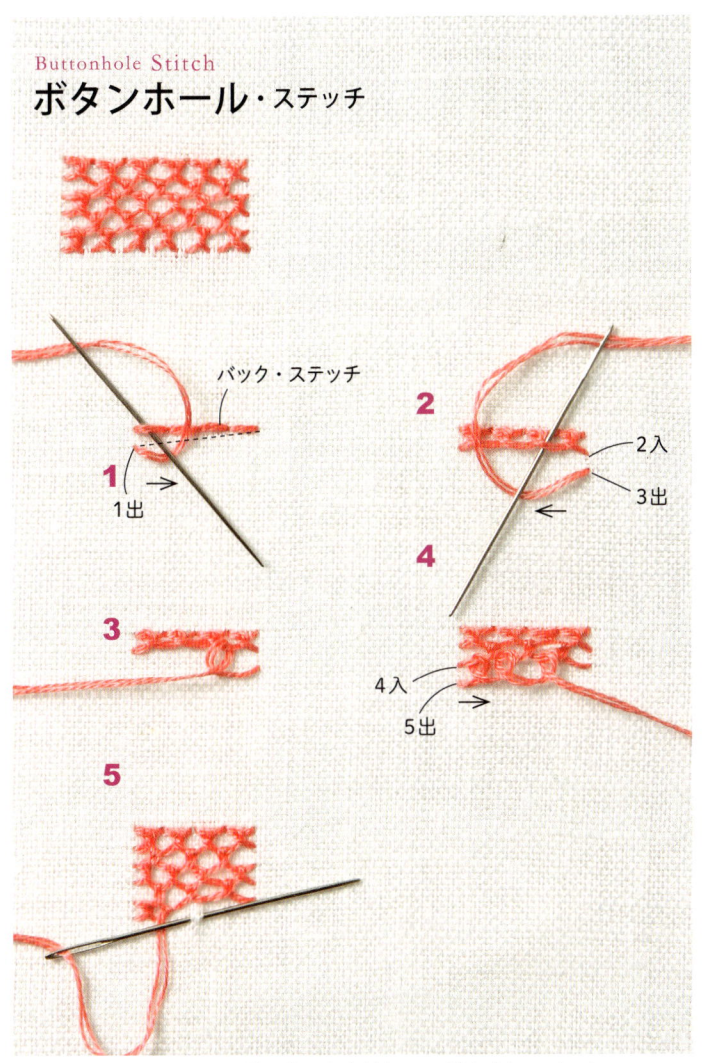

1 バック・ステッチで芯になる糸を渡し、1に針を出してバック・ステッチの糸をすくいながら右方向にボタンホール・ステッチでかがる
2 1列めの最後は2に針を入れて3から出し、前列にかがった糸をすくいながら左方向にボタンホール・ステッチでかがる
3 続けてボタンホール・ステッチでかがりながら戻る
4 布をすくわずに、右方向にボタンホール・ステッチをしながら刺し進む
5 最終段は布をすくいながらかがりとめる

Corded buttonhole Stitch
芯入りボタンホール・ステッチ

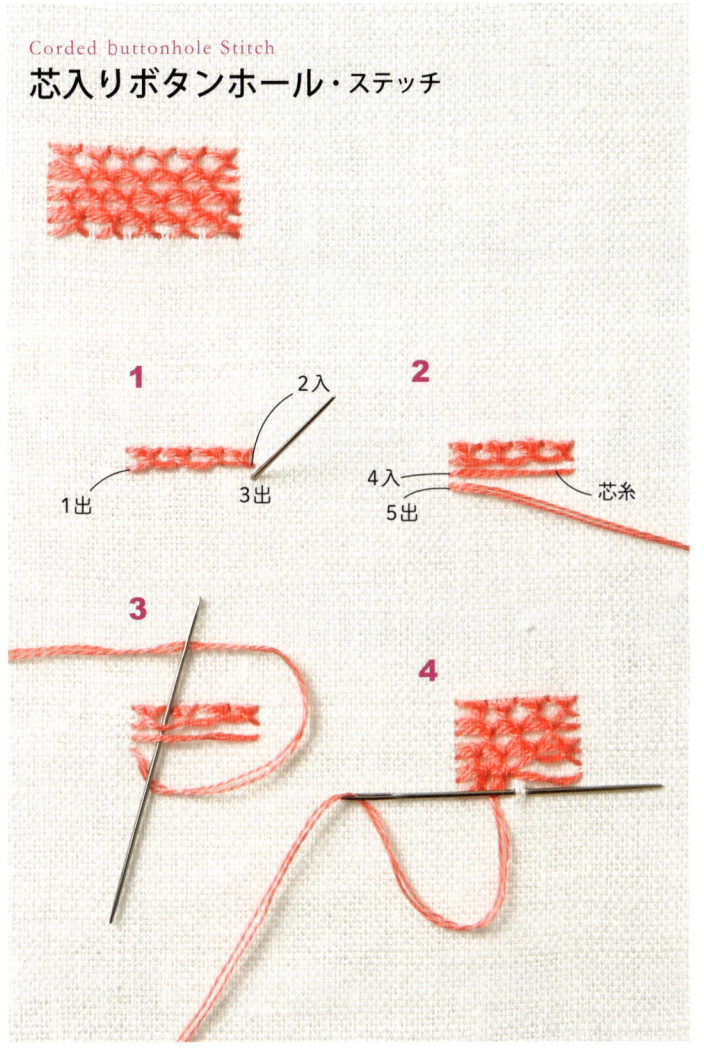

1 ボタンホール・ステッチの1、2で1段めをかがる
2 芯になる糸を1本渡し、左下に針を出す
3 前段の糸と芯糸をすくいながらボタンホール・ステッチでかがる
4 最終段は布をすくいながらかがりとめる

綿を入れて立体に仕上げる方法　ボタンホール・ステッチの場合

※ふっくらと盛り上げたい時はフェルトと綿を適量入れてかがります

1 フェルトは図案より一回り大きくカットする
2 綿を入れてたてまつり(95ページ)でとじつける 
3 上から指定のステッチでかがる。この場合はボタンホール・ステッチ

立体のモチーフ

デザイン…西須久子　刺し方…83ページ
布提供／越前屋

82

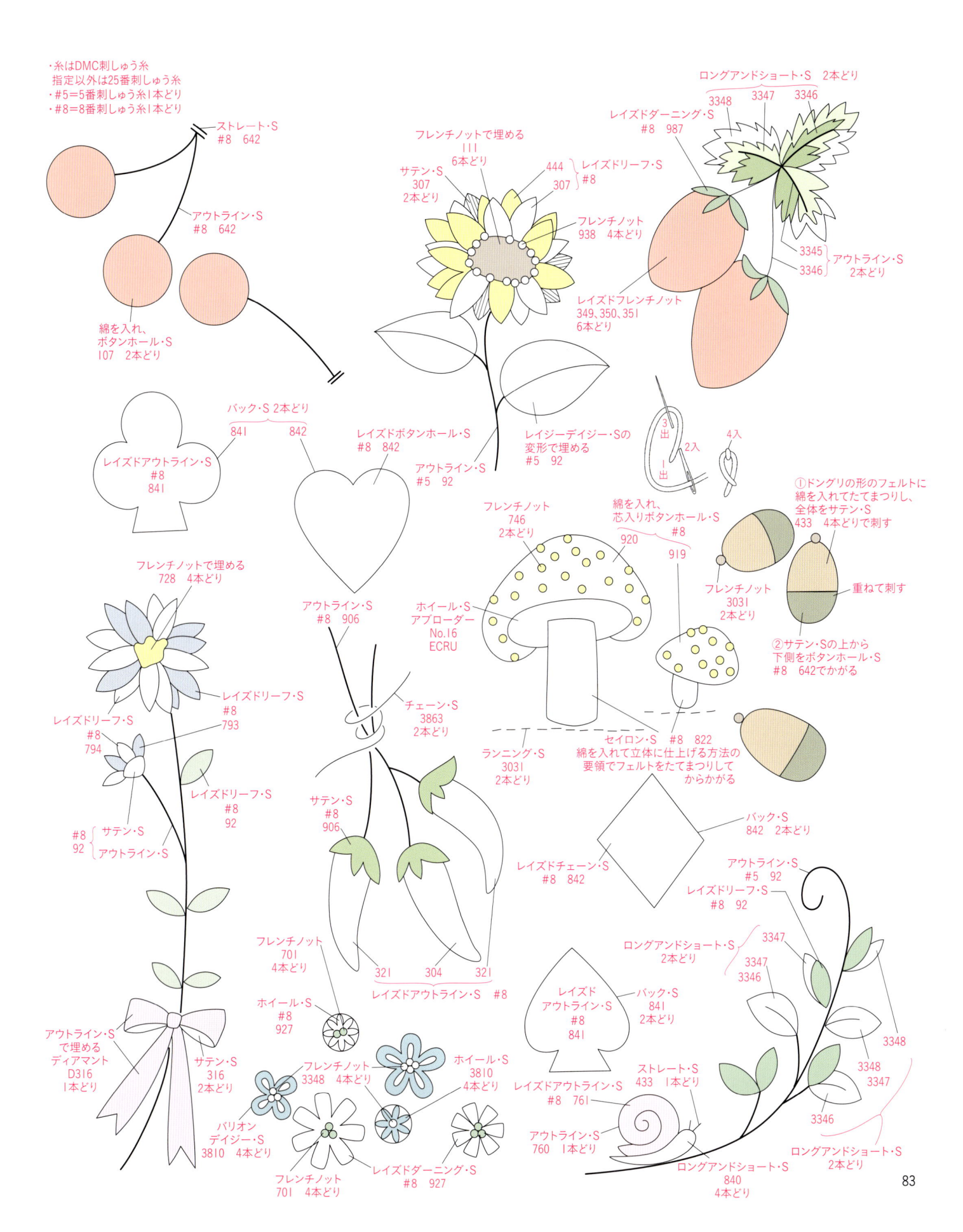

・糸はDMC刺しゅう糸
指定以外は25番刺しゅう糸
・#5＝5番刺しゅう糸1本どり
・#8＝8番刺しゅう糸1本どり

ストレート・S #8 642

アウトライン・S #8 642

綿を入れ、ボタンホール・S 107 2本どり

フレンチノットで埋める 111 6本どり

サテン・S 307 2本どり

444 レイズドリーフ・S #8 307

フレンチノット 938 4本どり

レイズドフレンチノット 349、350、351 6本どり

ロングアンドショート・S 2本どり 3348 3347 3346

レイズドダーニング・S #8 987

アウトライン・S 2本どり 3345 3346

バック・S 2本どり 841 842

レイズドアウトライン・S #8 841

アウトライン・S #8 906

レイズドボタンホール・S #8 842

アウトライン・S #5 92

レイジーデイジー・Sの変形で埋める #5 92

3出 2入 1出 4入

①ドングリの形のフェルトに綿を入れてたてまつりし、全体をサテン・S 433 4本どりで刺す

フレンチノット 3031 2本どり

重ねて刺す

②サテン・Sの上から下側をボタンホール・S #8 642でかがる

フレンチノットで埋める 728 4本どり

レイズドリーフ・S #8 793

レイズドリーフ・S #8 794

レイズドリーフ・S #8 92

#8 サテン・S 92 アウトライン・S

アウトライン・Sで埋める ディアマント D316 1本どり

サテン・S 316 2本どり

サテン・S #8 906

チェーン・S 3863 2本どり

ランニング・S 3031 2本どり

フレンチノット 746 2本どり

綿を入れ、芯入りボタンホール・S #8 920 919

ホイール・S アブローダー No.16 ECRU

セイロン・S #8 822 綿を入れて立体に仕上げる方法の要領でフェルトをたてまつりしてからかがる

バック・S 842 2本どり

レイズドチェーン・S #8 842

レイズドアウトライン・S #8 841

レイズド アウトライン・S #8 841

バック・S 841 2本どり

アウトライン・S #5 92

レイズドリーフ・S #8 92

ロングアンドショート・S 2本どり 3347 3347 3346

フレンチノット 701 4本どり

サテン・S 321 304 321

レイズドアウトライン・S #8

ホイール・S #8 927

フレンチノット 3348 4本どり

ホイール・S 3810 4本どり

バリオンデイジー・S 3810 4本どり

フレンチノット 701 4本どり

レイズドダーニング・S #8 927

レイズドアウトライン・S #8 761

ストレート・S 433 1本どり

アウトライン・S 760 1本どり

ロングアンドショート・S 840 4本どり

3348 3347

3348 3346

ロングアンドショート・S 2本どり

83

Ribbon Stitch

リボン刺しゅうの基礎

刺し方はフランス刺しゅうとほぼ同じですが、リボンの柔らかな、ふんわりとした質感や光沢を生かして刺します。
そのため、同じステッチ名でもリボンがねじれないように、リボンの上から針を刺し入れるテクニックもあります。

材料と用具

刺しゅう用のリボンには合繊素材の3.5mm幅の細いタイプや、柔らかいシルク素材の4mm幅などがあります。約5m巻きになっていて、少量を刺すのに向いています。またグラデーションになったリボンもあり、葉や花の微妙な色の変化を表現する時などに便利です。用途に合わせて選びましょう。

リボン刺しゅうは薄手の生地には向いていません。リボンの通る穴が広がって美しくないからです。やや厚手のサテンやタフタ、ビロードなどが刺しやすく、適しています。針は針穴が広く、先端の尖ったリボン刺しゅうのステッチ針、またはシェニール針を使います。太さはリボンの幅に合わせて使い分けましょう。

リボン提供／MOKUBA

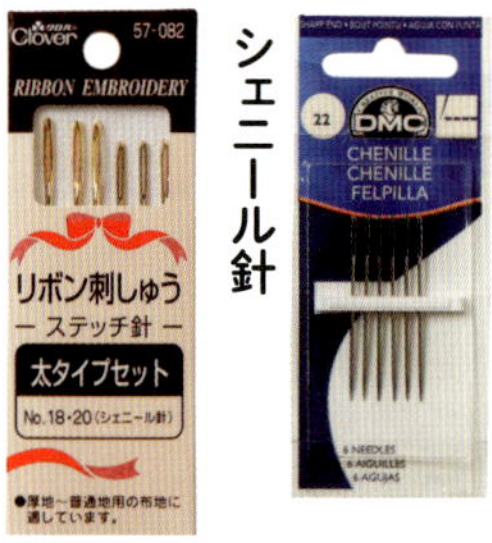

針提供／クロバー、DMC

（実物大）

＊リボンの通し方

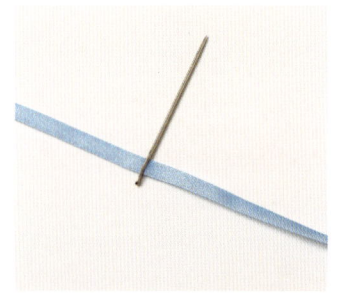

1 リボンは約40cmにカットし、両端は斜めにカットして針に通す

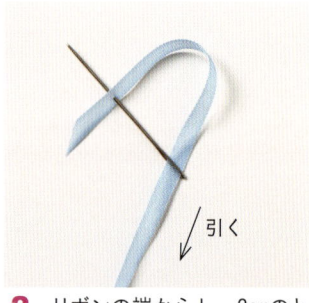

2 リボンの端から1～2cmのところに針を入れ、矢印の方向にリボンを引く

3 針穴でリボンがとまる

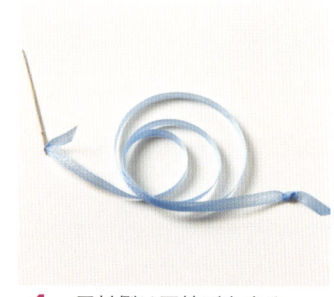

4 反対側は玉結びをする

＊刺し終わりの始末

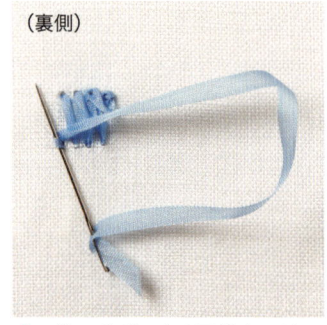

（裏側）

1 針にリボンを1回巻きつけてゆるみのないように針の根元を押さえ、針を引く

2 根元に玉止めができたところ

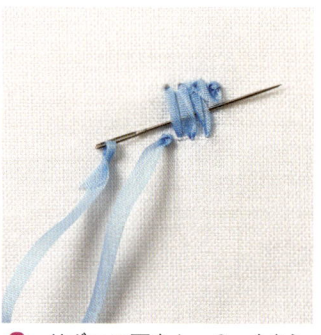

3 リボンの下を1～2cmくぐらせる

4 1cmほど残し、斜めにカットする

【ステッチの刺し方】

Straight Stitch
ストレート・ステッチ

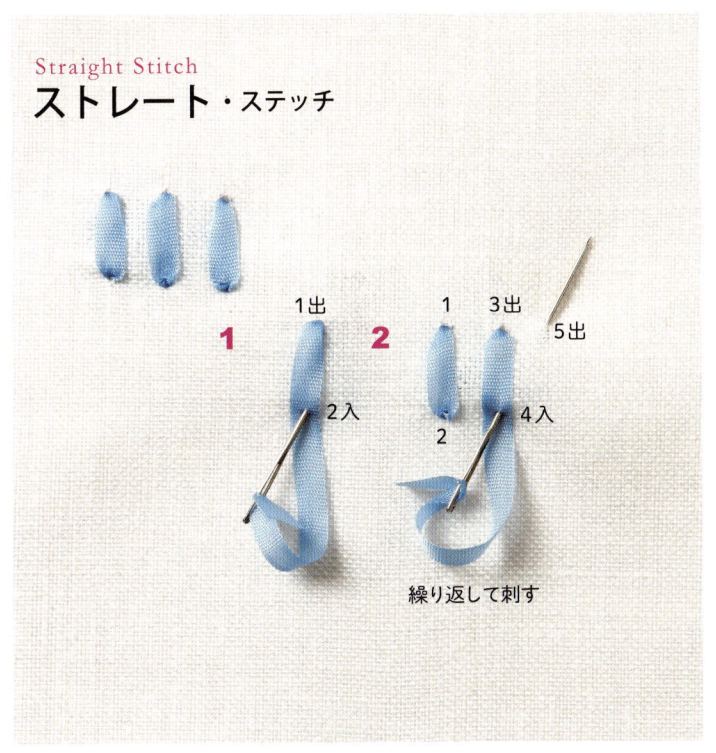

1. 1から出し、リボンの上から針を入れる
2. 繰り返して刺す

Satin Stitch
サテン・ステッチ

1. 1から出し、リボンの上から針を入れる
2. 隙間があかないように並べて刺す

Outline Stitch
アウトライン・ステッチ（太く刺す）

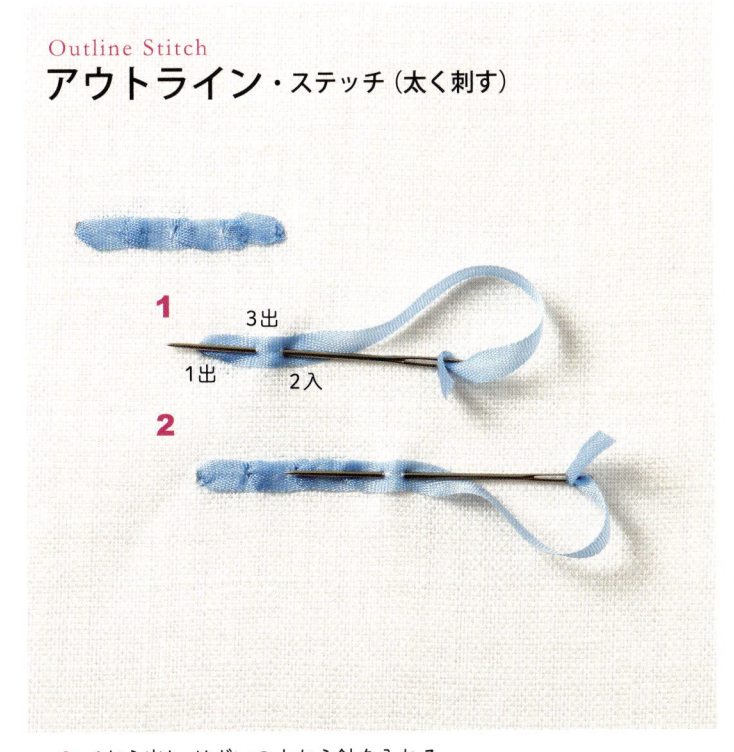

1. 1から出し、リボンの上から針を入れる
2. 繰り返して刺す

Outline Stitch
アウトライン・ステッチ（細く刺す）

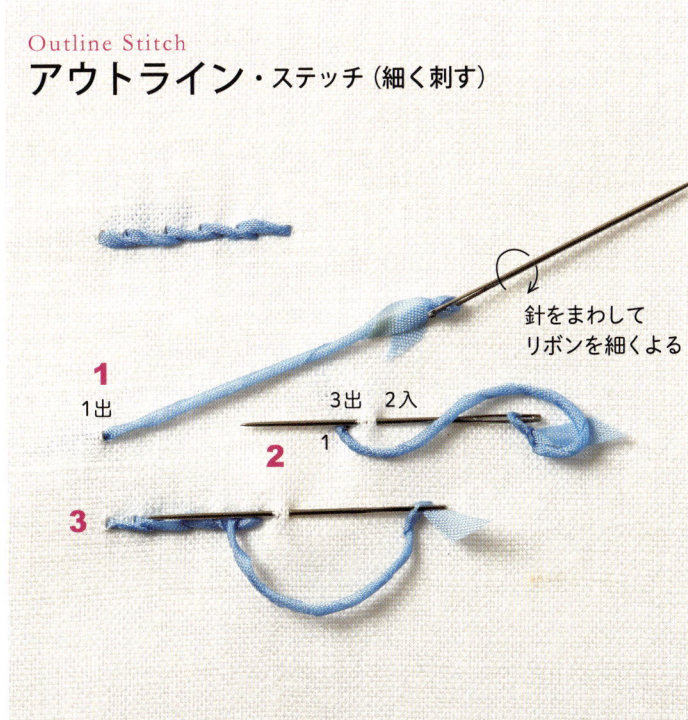

1. 針をまわしてリボンを細くよる
2. 2、3と布をすくう
3. 繰り返して刺す

Lazy daisy Stitch
レイジーデイジー・ステッチ

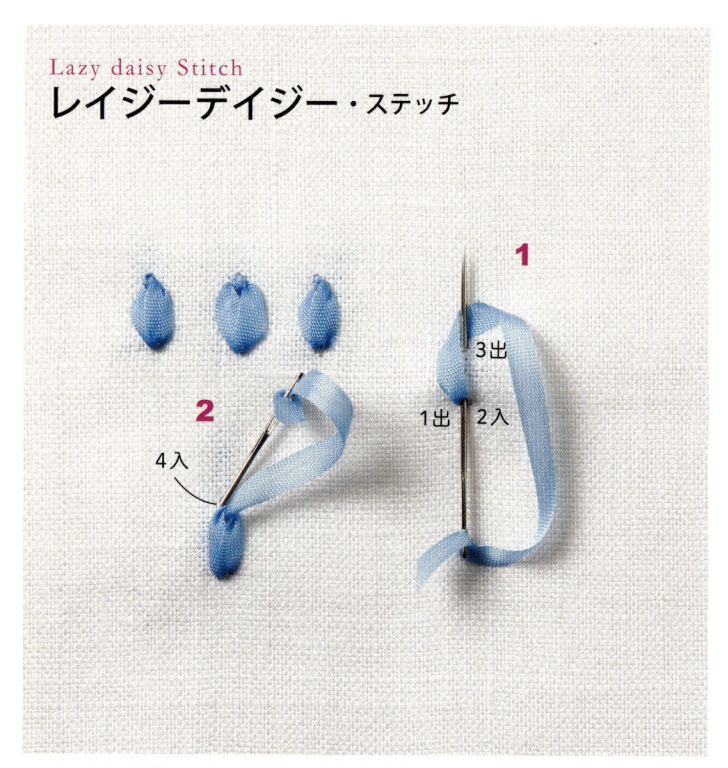

1　1から出し、1と同じところに針を入れ、3に出してリボンをかける
2　小さな針目でとめる

Fly Stitch
フライ・ステッチ

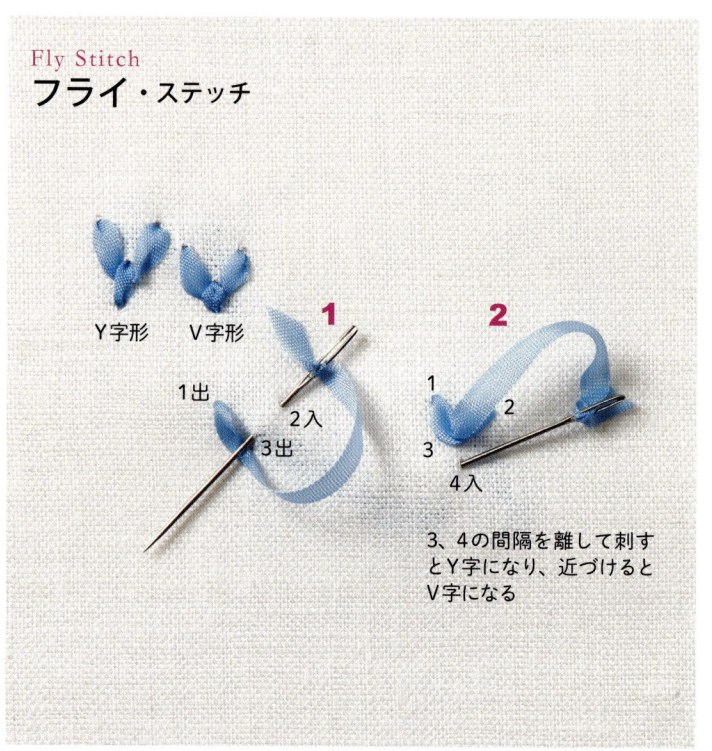

1　1から出し2、3と布をすくい、リボンをかける
2　4に入れる。3、4の間隔を離して刺すとY字になり、近づけるとV字になる

French knot
フレンチノット

1　1から出し、リボンをかけて針先を矢印の方向に向ける
2　上に向けたところ
3　1で出したきわに針を入れ、根元を押さえて針を入れる

Herringbone Stitch
ヘリングボーン・ステッチ

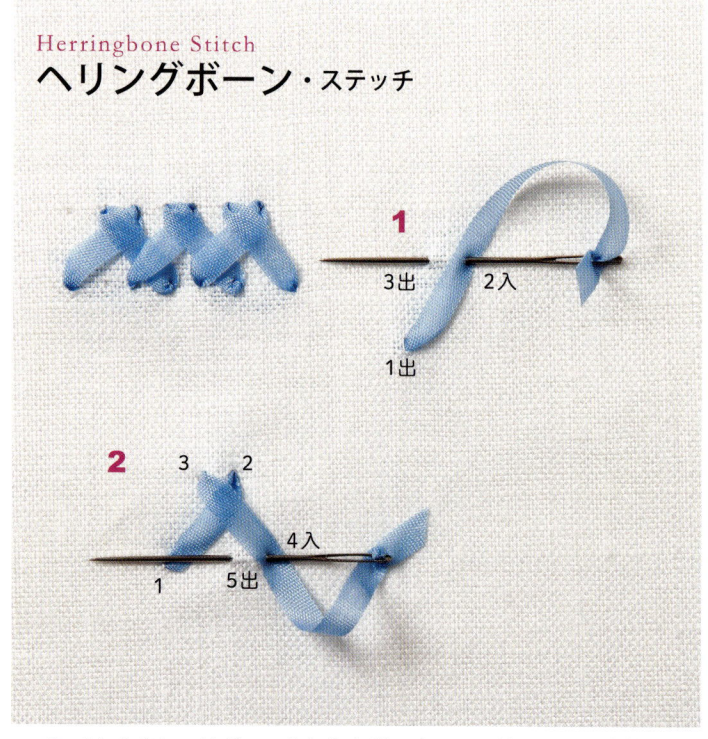

1　1から出し、リボンの上から右斜め上に2の針を入れ、真横に3を出す
2　リボンの上から4の針を入れ、真横に5を出す。2、3と同様に刺す。間隔を詰めて刺すとクローズドヘリングボーン・ステッチになる（15ページ参照）

Long and short Stitch
ロングアンドショート・ステッチ

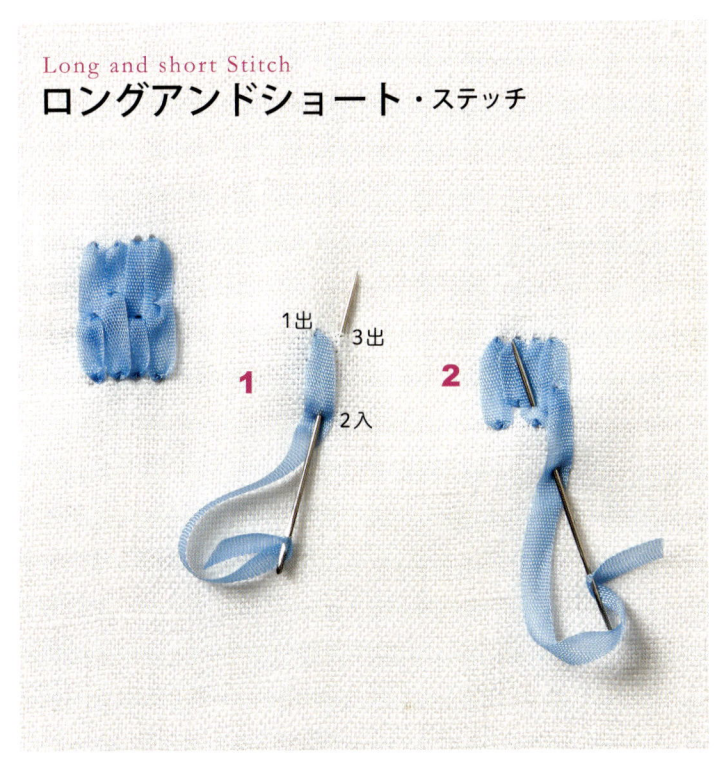

1 1から出し、リボンの上から針を入れる
2 長短をランダムに刺す

Taft Stitch
タフト・ステッチ

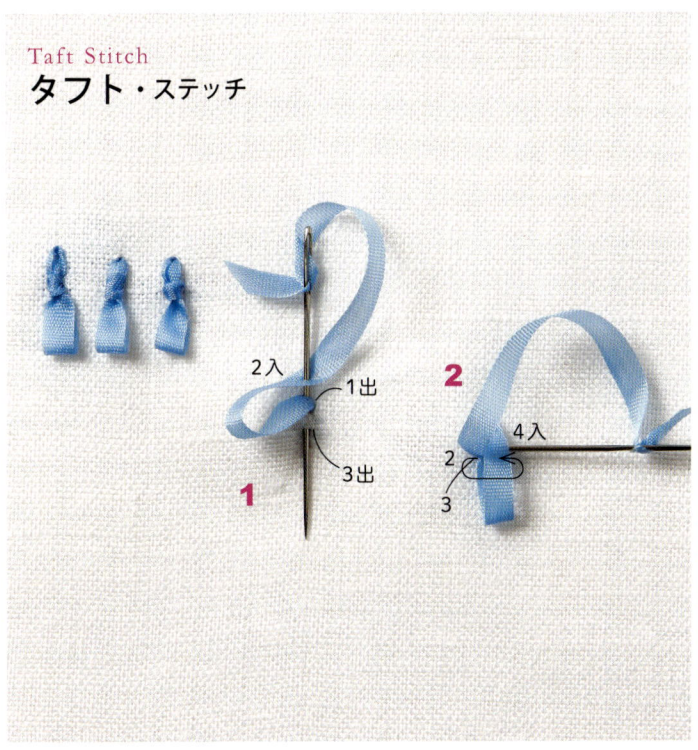

1 1から出し、折り返すリボンの長さを決めて折り、リボンの上から1のすぐ上に針を入れ、3に出す
2 折り返したリボンに巻きつけるようにして4に針を入れる

Spider web rose Stitch
スパイダーウェブローズ・ステッチ

1 フライ・ステッチの要領で4まで刺し、5に針を出したら1、2の下をくぐらせて6に針を入れる
2 中心から針を出し、リボンの5本の柱を1本おきにすくう
3 続けてくるくると巻き進む

Basket filling
バスケットフィリング

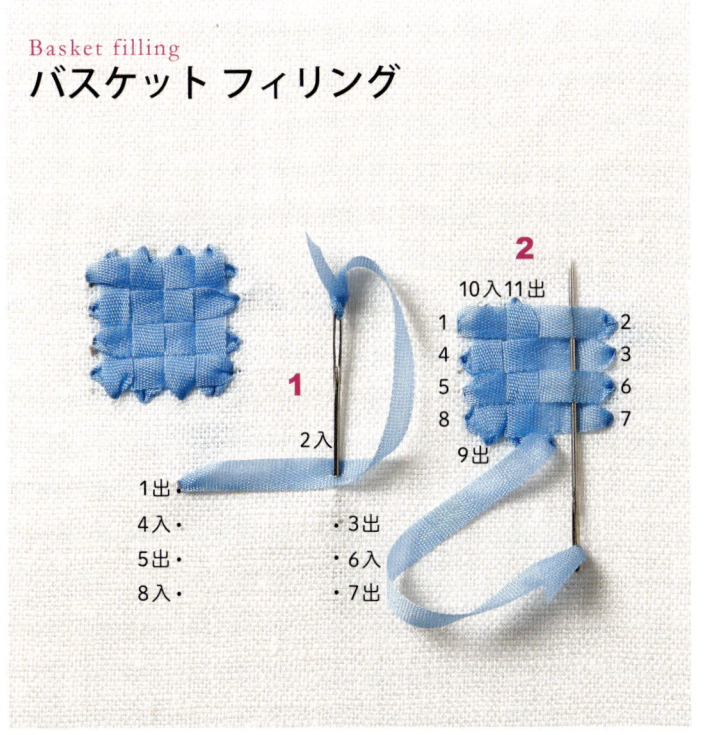

1 リボンを横に渡し、リボンの上から針を入れ、リボンの幅に合わせて平行に刺す
2 9に出し、縦方向に1本おきにすくいながらリボンの下をくぐらせて、格子状に組む

87

庭に咲く花 Ⅰ

デザイン…笹尾多恵　刺し方…89ページ
リボン提供／MOKUBA

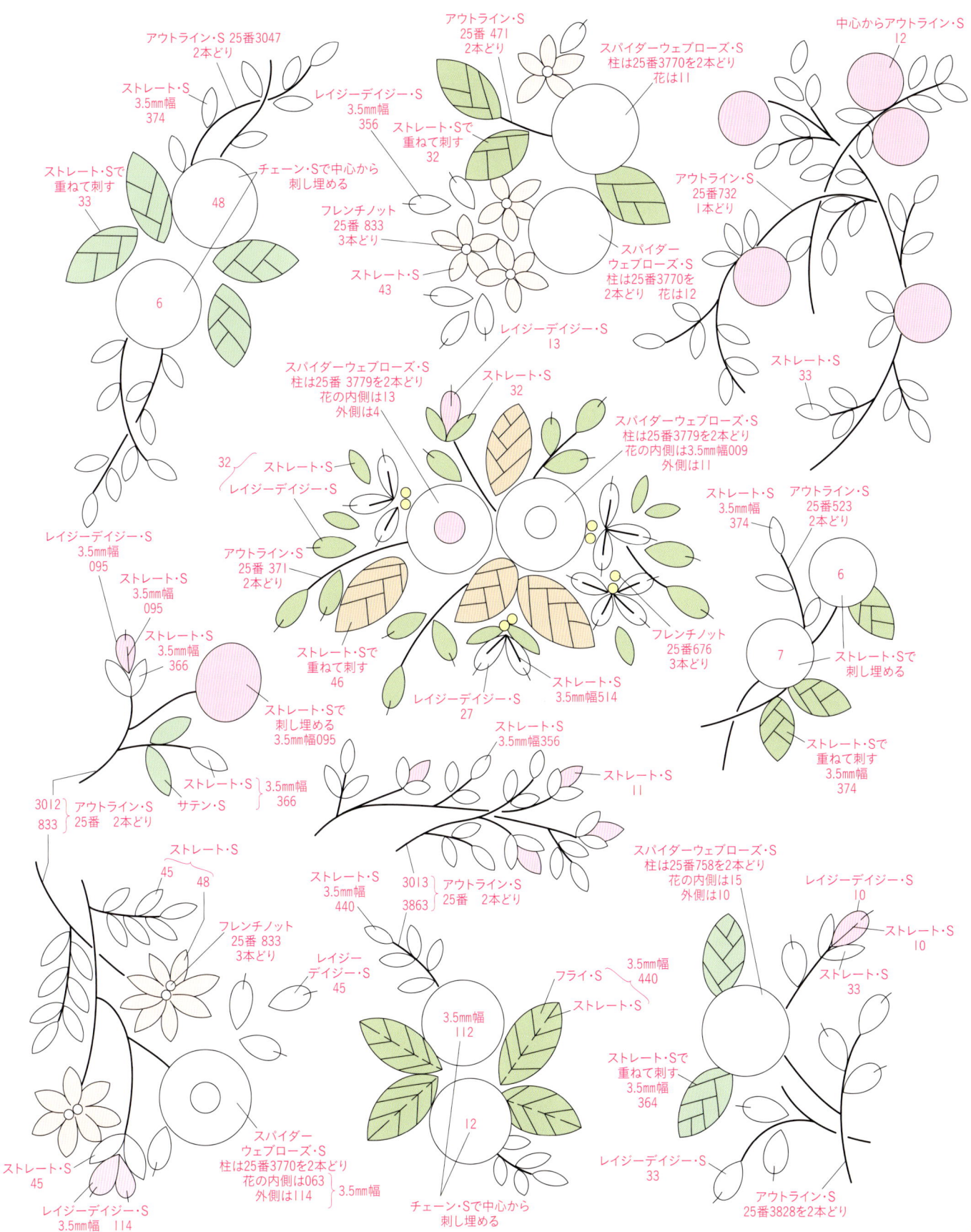

・指定以外はMOKUBAエンブロイダリーリボン1本どり　刺しゅう糸はDMC
・リボンは指定以外は4mm幅

89

庭に咲く花 II

デザイン…笹尾多恵　刺し方…91ページ
リボン提供／MOKUBA

・指定以外はMOKUBAエンブロイダリーリボン1本どり　刺しゅう糸はDMC
・リボンは指定以外は4mm幅

可憐に咲く花　ハーブ・スミレ・ライラック

デザイン…オノエ・メグミ
刺し方…93ページ
リボン提供／MOKUBA　布提供／越前屋

92

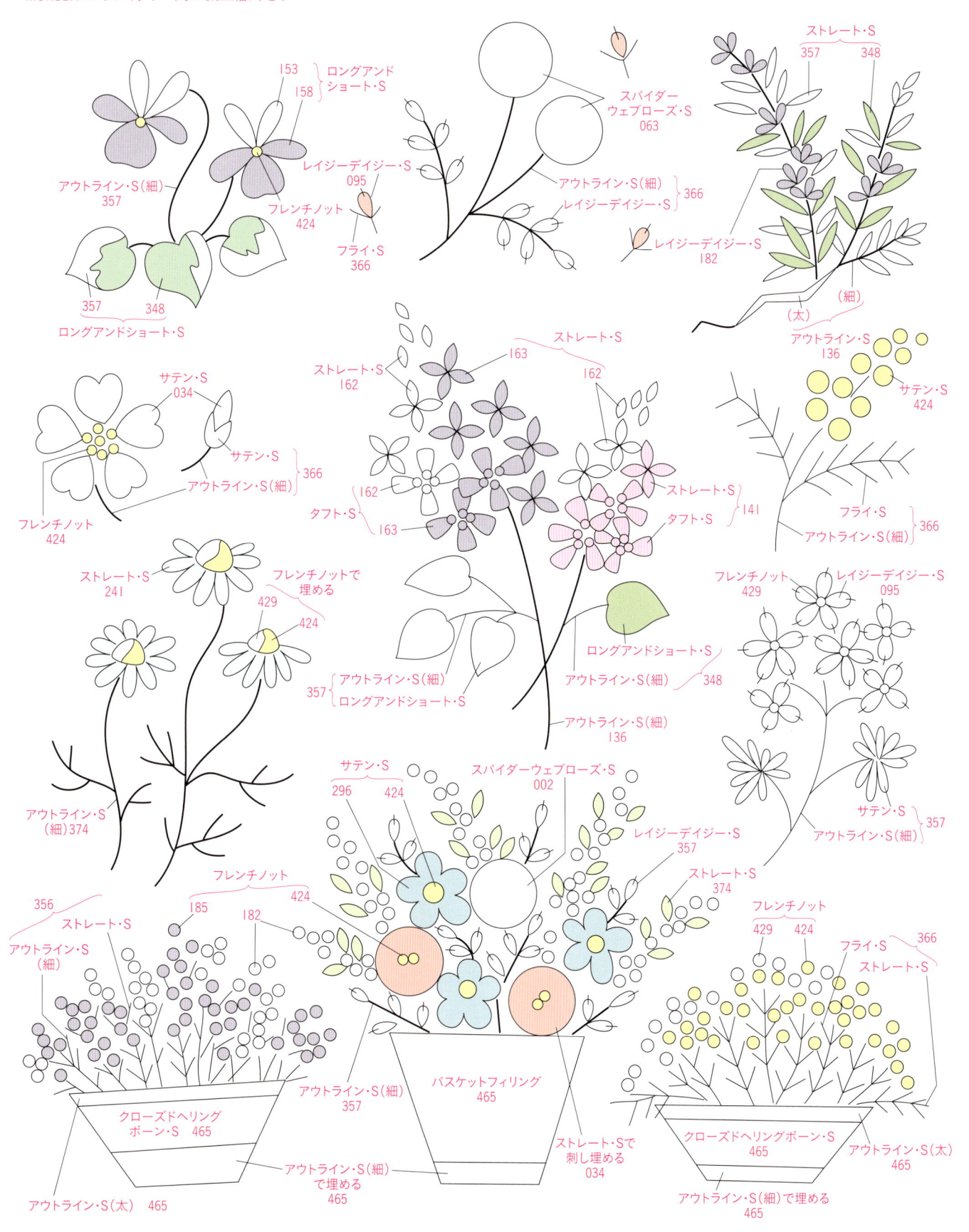

・MOKUBAエンブロイダリーリボン3.5㎜幅1本どり

＊刺しゅうの楽しみ方＊
ピンクッション

リボン刺しゅうの中で、もっともリボンが
生かされているステッチは、スパイダーウェブローズ。
渡した糸にくるくると巻きかがることで
立体的な薔薇の花ができます。

デザイン…オノエ・メグミ
作り方…103ページ　刺しゅう図案は93ページ
リボン提供／MOKUBA　布提供／越前屋

【ワンポイントレッスン】
アップリケの基礎

刺しゅうで面積を刺し埋めるのはちょっと大変そう、という方におすすめなのがフェルトや布との組み合わせです。
面積の広い部分はフェルトや布をカットしてまわりをたてまつりやボタンホール・ステッチでアップリケしましょう。
顔や飾りなど細かい部分を刺しゅうにすれば、短時間に作れてかんたんです。
ここではフェルトを使いましたが、まわりがほどけてくる布をアップリケする時は、折り代を内側に折り、
アイロンで押さえてからとめるときれいに仕上がります。

たてまつりでつける方法

1 図案と同じ大きさにフェルトをカットし、まち針でとめる。大きな面積の場合はしつけをかけるとよい

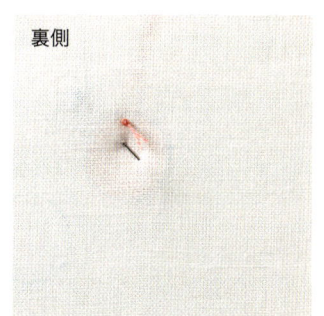

2 刺し始めは玉結びをし、裏側から糸を出す

3 土台布からフェルトの上に針を出し、フェルトの縁に垂直に針を入れる

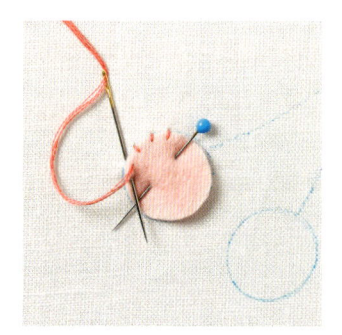

4 糸を引きすぎないように注意する

5 最後は裏側に針を入れ、玉止めをする

ボタンホール・ステッチでつける方法

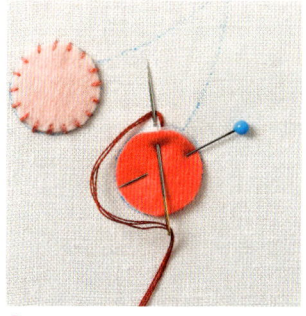

1 フェルトをまち針でとめ、玉結びをしてフェルトの上から針を入れ、フェルトのきわに針を出して糸をかける

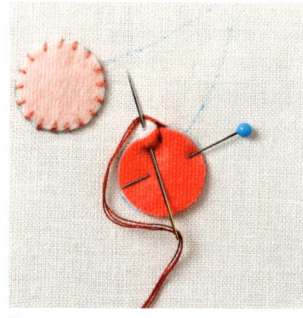

2 等間隔になるようにまわりをボタンホール・ステッチでかがる

3 続けてかがる

4 刺し終わりは刺し始めと同じところに針を入れ、裏側で玉止めをする

刺しゅうしてでき上がり

Beads Stitch

ビーズ刺しゅうの基礎

きらきらと輝くビーズやスパンコールは刺しゅうに華やかさを添えます。
せっかく刺したビーズを引っ掛けたり、バラバラと取れてしまわないように、きれいに刺せるテクニックを学びましょう。

材料と用具

●ビーズ

ビーズは大きさや形、色など種類も豊富です。素材はガラス、ウッド、クリスタル、パール、天然石などがあります。同じガラス素材でも、表面にツヤのあるもの、マットなもの、透明なもの、透明ビーズの内側に色が施されたもの、また高級感のあるメタリックなど。形は丸形、スクエア、六角、まが玉などが揃っています。

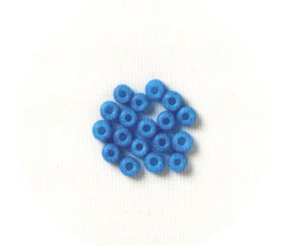

丸小ビーズ　外径約2mm

丸大ビーズ　外径約3mm

竹ビーズ　2分竹(6mm竹)

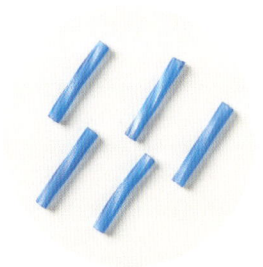

ツイストビーズ　2×12mm

3cutビーズ　外径約2〜2.2mm

デリカビーズ(丸)　外径約2.2mm

竹ビーズ　1分竹(3mm竹)

スワロフスキー カットビーズ　外径約6mm

左から
高級グラスパール　外径約6mm
ドロップパール　6×9mm　8×14mm

ウッドビーズ　5mm

ビーズやパーツは、1個単位で販売しているもの、袋やプラスチックケースにバラで入ってグラム単位で売られているもの、また糸に通したものなどさまざまです。この本で使用しているビーズはMIYUKIビーズで、表記している番号はビーズの色番号を表しています。番号の前についているアルファベット「DBS、DBC、SB」は種類や形状を表し、DBS＝デリカビーズ(小)、DBC＝デリカビーズ(カット)、SB＝スクエアビーズなど、探す時の参考にしましょう。

●スパンコール、ラインストーン、チャトン

ビーズ刺しゅうによく使われるパーツにはスパンコール、ラインストーンやチャトンなどがあります。スパンコールの種類は大きく分けて丸型、亀甲形、星やハートなどのファンシースパンコールがあり、パーツの中央が糸でつながっているテープ状もあります。組み合わせて使うのも楽しいでしょう。洋服などに刺しゅうをする際はドライクリーニング可能なタイプもありますので、用途に合わせて選びましょう。チャトンとは、ラインストーンよりも裏がとがっていて厚みが出るパーツで、デザインのポイントに使うと華やかさが増して効果的です。この他に裏面に接着シートがついていて布に貼るだけのものや、ボンドでつけるタイプも揃っています。

ビーズ提供／MIYUKI

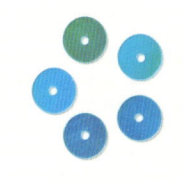

スパンコール 平丸

スパンコール 亀甲

ファンシー スパンコール

ラインストーン 縫いつけ用（ツメ付）

チャトン 縫いつけ用（ツメ付）

※サイズはさまざまあります。デザインに合わせて選びましょう。

糸と針について

ビーズやスパンコールをとめる時は、25番刺しゅう糸の1本どりやミシン糸の普通地用に使われる#60糸を使います。針はビーズ刺しゅう専用針があります。ビーズの小さな穴に針が通るように、また、ビーズの粒をまとめて一度に通せるように他の針よりも細長いことが特徴です。また短めの手縫い針(四ノ三)などを使うこともあります。刺すビーズの種類や用途に合わせて使いやすい太さや長さを選びましょう。用意する時はビーズの穴の大きさに針や糸が通るか必ず確認しましょう。

ビーズ針

縫い針 四ノ三

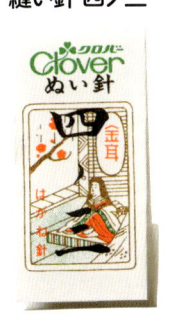

(実物大) No.19 20 21 22

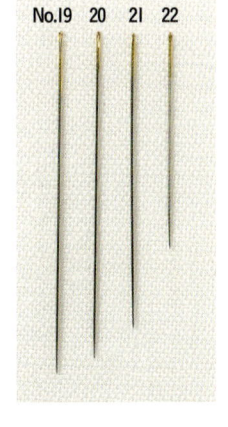

フジックス シャッペスパン#60 （ポリエステル100％）

97

【ビーズのとめ方】

ビーズをとめる方法はいくつかあります。1粒ずつとめる方法や複数のビーズを連続してとめる方法などがありますが、針運びはフランス刺しゅうのバック・ステッチやコーチングと同じです。刺し始めと終わりは糸が抜けないように裏で玉結びをし、さらに返し針(ひと針戻すこと)をします。使っているうちにビーズが取れてきたなどということがないようにしっかりとめましょう。わかりやすいように糸の色を替えて解説しています。ビーズの色を生かし、目立たないようにとめる時は同色の糸を選びましょう。また、同じ透明のビーズでも糸の色を替えて刺すことで微妙な色の変化を楽しむことができます。デザインに合わせて使い分けましょう。

同じ透明のビーズでも糸の色を替えて刺すことで微妙な色の変化を楽しむことができます。

＊刺し始め／【返し刺し】1～3参照

ビーズ
返し刺し(コーチングでとめる)

複数のビーズをとめる方法です。ビーズを糸に通し、コーチングと同じ要領で、渡したビーズの間を糸でとめていきます。境目のビーズにはもう一度針を通してから次のビーズを通し、同じ針穴に針を出し入れすることで、間隔があかずにしっかりと縫いとめることができます。

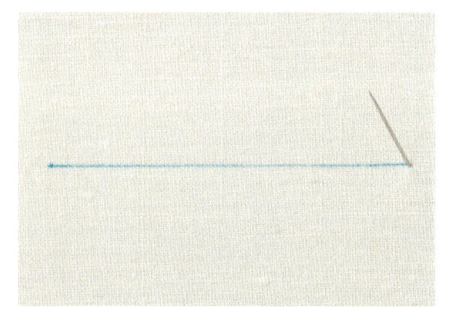

1 糸端は玉結びをし、裏から針を出す

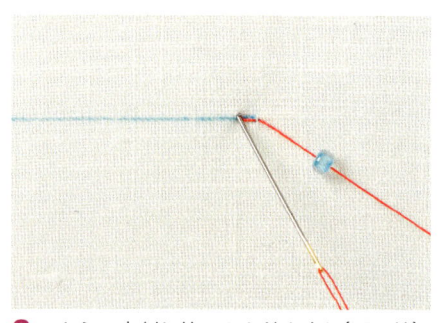

2 1針刺す

3 もう一度刺し始めから針を出し(返し針)、ビーズを1粒通し、裏側に針を入れる

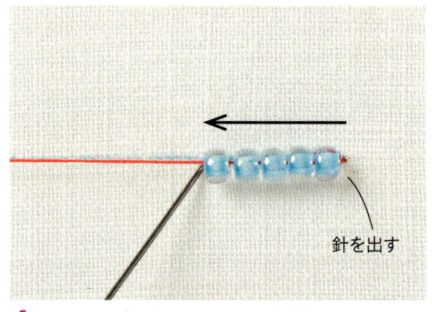

4 もう一度1粒めに通し、図案の1～2cmの長さを目安に必要な玉数を通して図案の線上に沿わせ、垂直に針を入れる

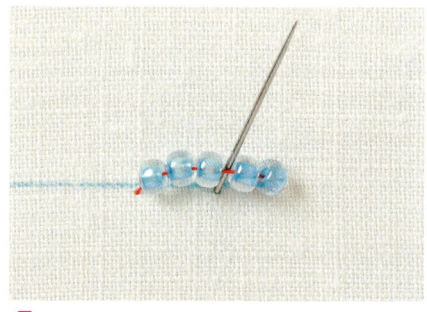

5 2～3粒の間隔で渡したビーズの間から針を出す

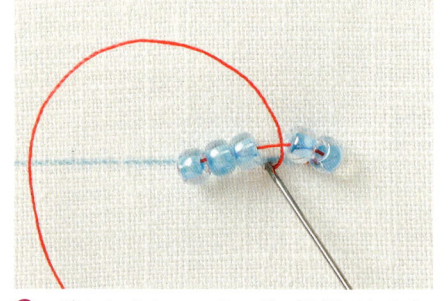

6 渡した糸をコーチングの要領でとめる。この時図案のライン状に出した針穴に針を入れて糸を引く

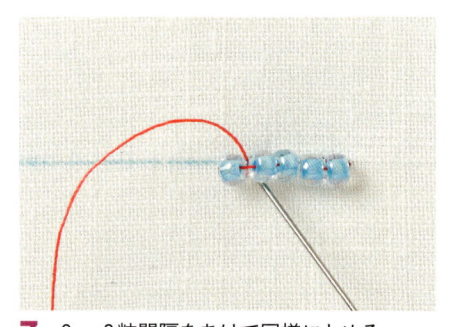

7 2～3粒間隔をあけて同様にとめる

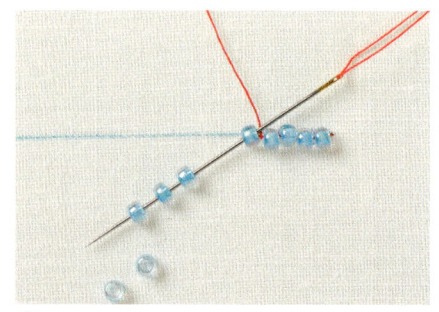

8 最後の1粒に針を入れ、次のビーズを通す

9 4～8を繰り返してとめる。8で最後の1粒に通すことで境目ができず、ラインがきれいにつながる。刺し終わりは裏側で玉止めをする

戻り刺し（バック・ステッチでとめる）

バック・ステッチの要領で1粒ずつ戻りながらとめる方法です。等間隔になるように丁寧に刺し進みます。1粒とめる時にも使います。

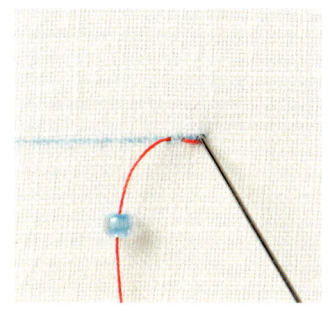

1 返し刺しの**1～3**の要領で返し針をして1粒めのビーズをとめる。ゆるまないようにビーズの幅に垂直に針を入れる

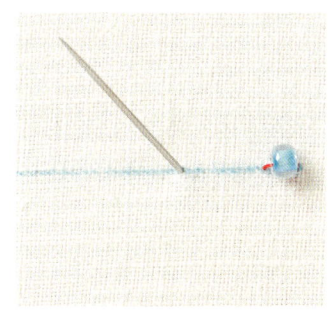

2 図案のライン上に針を出してビーズを1粒通し、バック・ステッチの要領で戻る

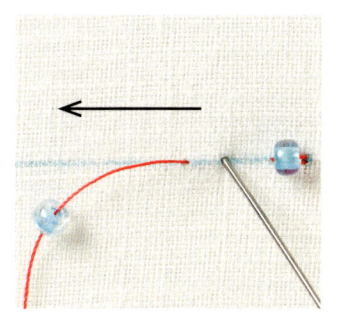

3 ビーズの位置が等間隔になるように針を出し、左に刺し進む

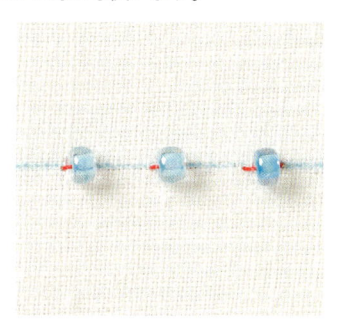

4 続けて刺したところ。ビーズのきわに針を入れることがゆるまずにきれいに仕上げるポイント

面刺し（サテン・ステッチ）

サテン・ステッチの要領で面積を埋めるとめ方です。とめる時は図案の中央から外側に向かって左右に刺し埋めます。

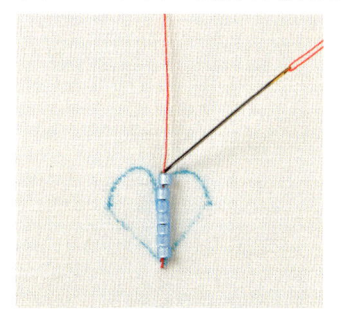

1 返し刺しの**1～3**の要領で返し針をし、図案の中央の輪郭から針を出し、ビーズを通して1針めを刺す

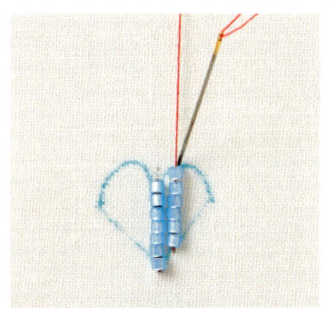

2 1列めとの間隔があかないように、また図案の輪郭線がきれいに出るように、ビーズの数を調整しながら右側半分を刺し埋める

3 右側半分が刺せたところ。糸を引きすぎていないか、また平らに揃っているか確認する

4 中央に戻り、左側を刺し埋める

5 隣の列との間も詰まって、ビーズが平らに並んでいる

※長さ1～1.5cmを刺す場合は、サテン・ステッチの要領で1針で刺す。刺し方ページでは、「ストレート・ステッチ」と表記しています

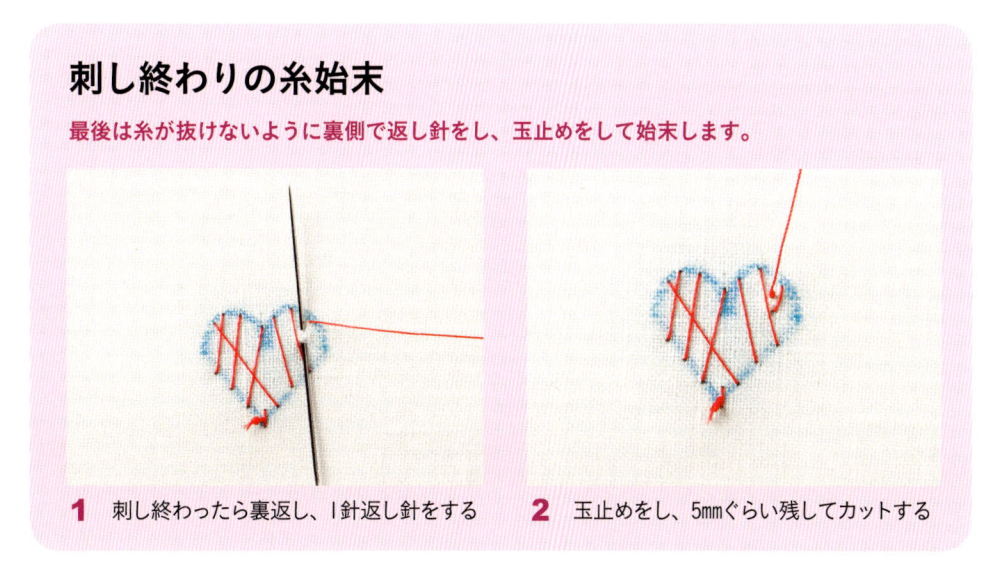

刺し終わりの糸始末

最後は糸が抜けないように裏側で返し針をし、玉止めをして始末します。

1 刺し終わったら裏返し、1針返し針をする

2 玉止めをし、5mmぐらい残してカットする

竹ビーズ

斜め刺し（アウトライン・ステッチ）

アウトライン・ステッチの要領で斜めにとめる方法です。とめる時のポイントは、1粒ずつビーズを通しながらラインをはさんでビーズの幅半分の位置に針を出し、斜めに重ねるようにとめていきます。

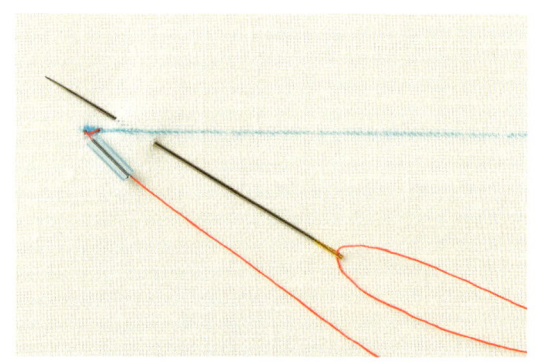

1 返し刺しの**1**〜**3**の要領で返し針をして竹ビーズを1粒通し、ラインの下から左斜め上に布をすくう。この時ビーズの幅の半分の位置に針を出す

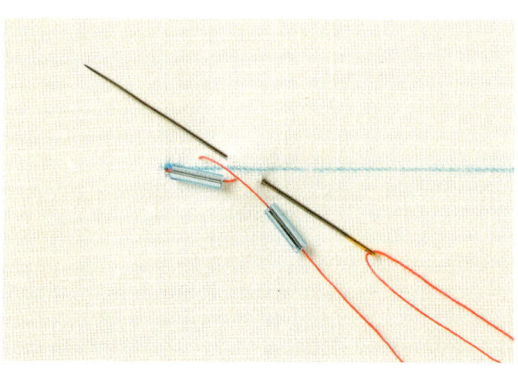

2 ラインをはさんでビーズの幅半分の位置に針が出るように布をすくう

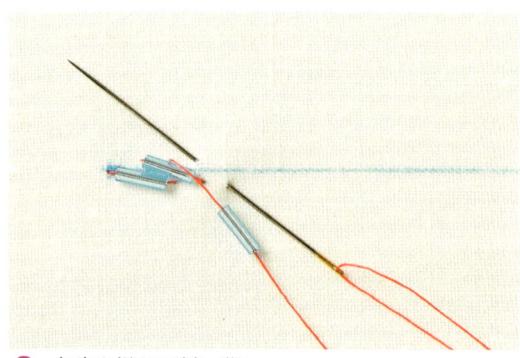

3 角度を揃えて刺し進む

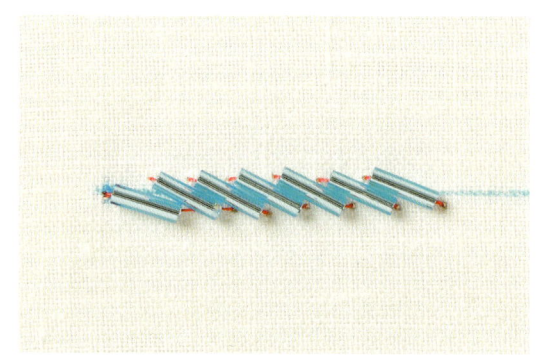

4 ビーズを半分ずつ重ねながら刺し進む

スパンコール

スパンコールをとめる方法はいくつかあります。ビーズと組み合わせて1枚ずつとめる、スパンコールの片側だけをとめる、両側をとめる、十字にとめる、そして連続して重ねてとめる方法などがあります。スパンコールがゆるまずに、きれいにとめるには、スパンコールを通した後、できるだけスパンコールのきわに垂直に針を入れるようにしましょう。また、連続してとめる時は、線上に渡す糸がまっすぐになるように気をつけましょう。刺し始めと刺し終わりの方法はビーズのとめ方と同様です。始めに玉結びをして返し針をしてから刺し始め、最後は1針返し針をしてから裏側で玉止めをしてカットします。

ビーズで1枚ずつとめる方法

1 返し針をして表に針を出し、スパンコールを1枚通す

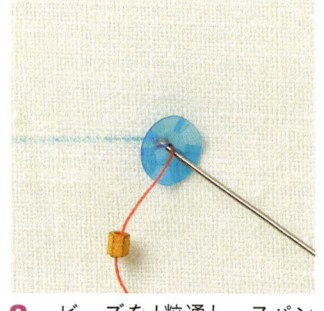

2 ビーズを1粒通し、スパンコールの同じ穴に針を入れる

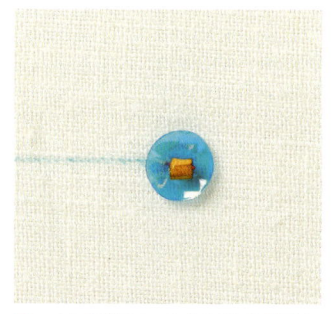

3 ゆるまないように糸を引きしめる

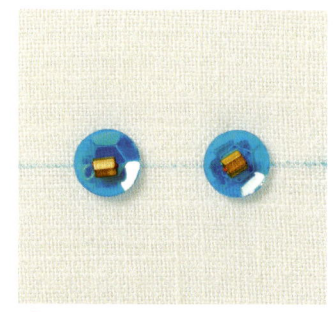

4 続けてとめる時は、スパンコールの間隔が揃うようにとめる

1枚ずつ両側をとめる方法

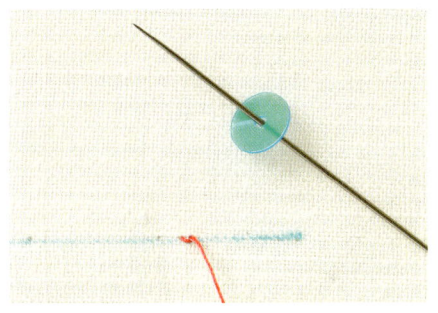

1 返し針をして表に針を出し、スパンコールを1枚通す

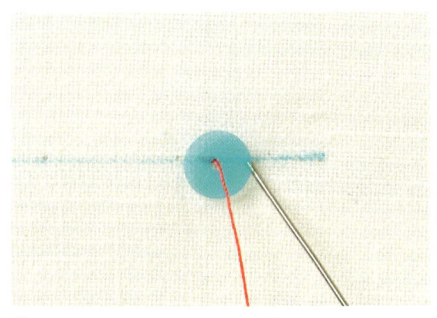

2 スパンコールのきわに針を入れる

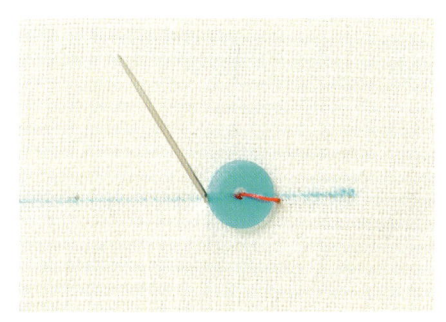

3 反対側のライン上に針を出し、ゆるまないように糸を引く

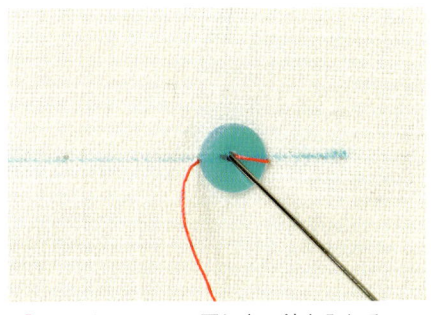

4 スパンコールの同じ穴に針を入れる

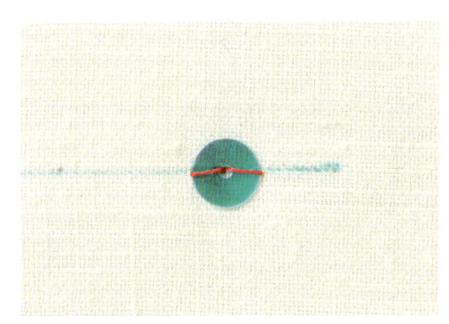

5 1枚がとまったところ。

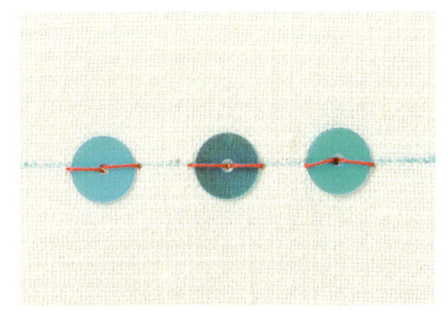

6 続けてとめる時はスパンコールの間隔が揃うように、また渡した糸が直線になるように気をつける

連続して重ねてとめる方法

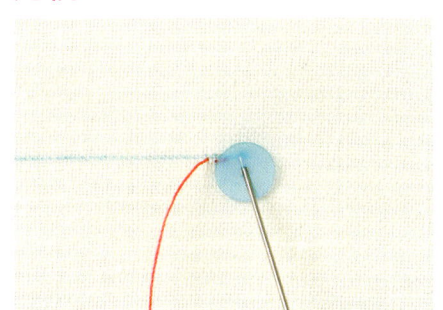

1 返し針をしてスパンコールの左側から針を出し、スパンコールの穴に上から針を入れる

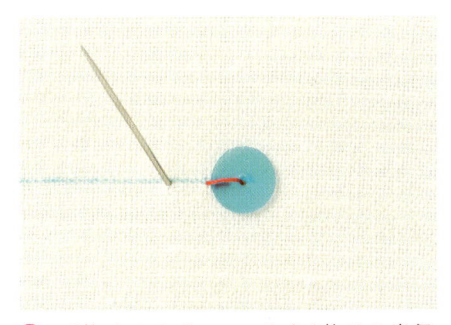

2 2枚めのスパンコールを1枚めの半径分重ねて位置を確認し(4参照)、表側に針を出す

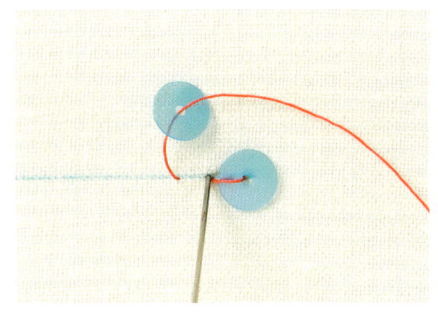

3 スパンコールに針を通して1枚めのきわに針を入れる

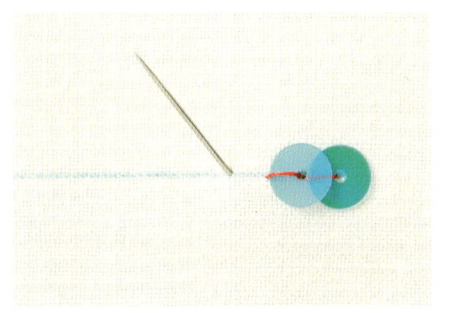

4 糸を引く。1枚めの半径分に重なる

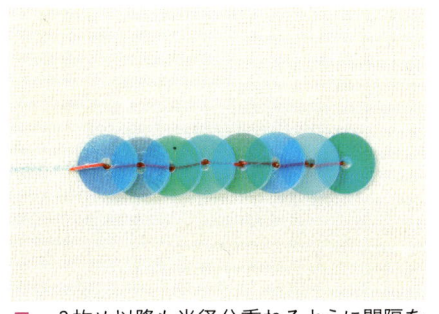

5 3枚め以降も半径分重ねるように間隔をあけてとめる

101

＊刺しゅうの楽しみ方＊
ポーチ

リボンテープに刺しゅうをして縫いつけるだけで、シンプルなポーチも華やかに生まれ変わります。

デザイン…朝山制子　作り方…103ページ
ビーズ提供／株式会社MIYUKI　布・リボンテープ提供／亀島商店

ポーチ …写真102ページ

材料 （1個分）
表布用麻地　（左）紺　（右）ベージュ　22cm×32cm
裏布用綿サテン　（左）黒　（右）ベージュ　22cm×32cm
リボンテープ　（左）黄色　（右）黄緑　2.5cm幅　約26cm
ビーズ
ファスナー　20cm　1本
でき上がり寸法：図参照

☆縫い代を1cmつけて裁つ

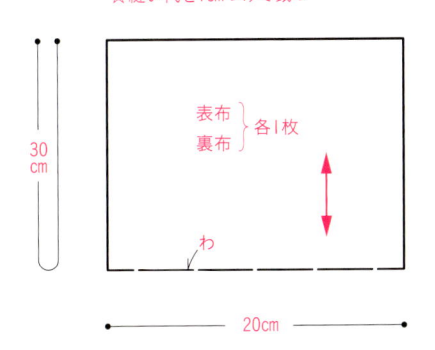

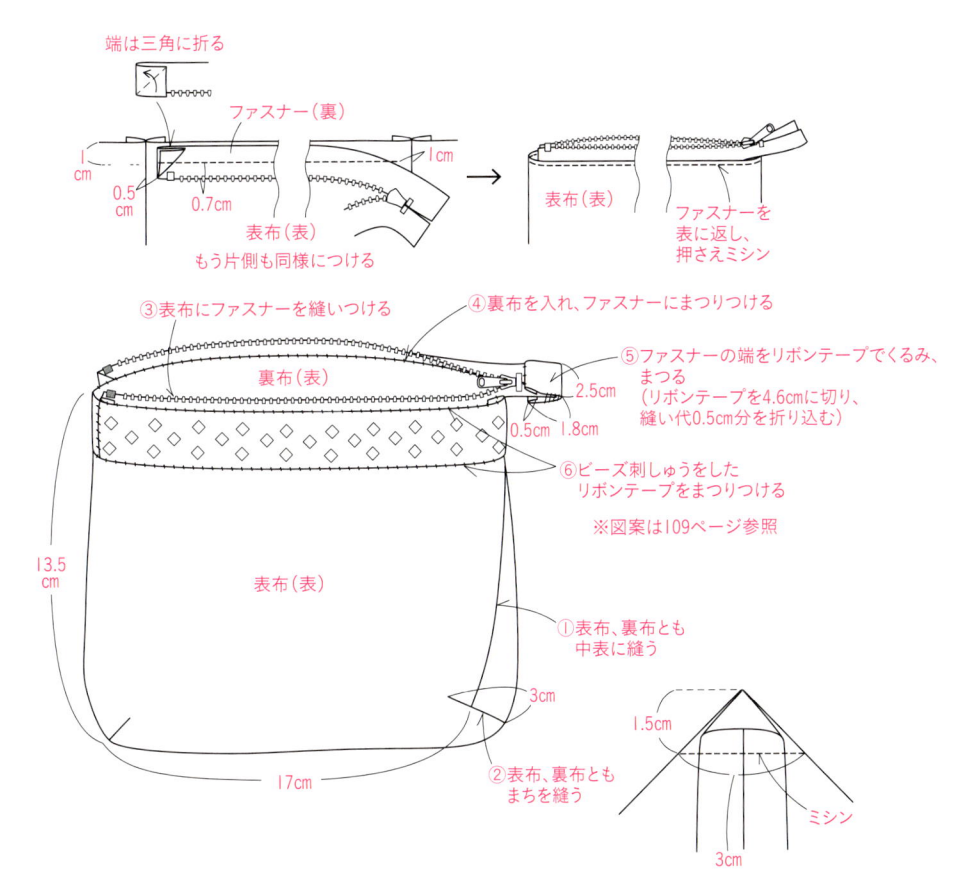

表布
裏布　各1枚
30cm
20cm
わ

端は三角に折る
ファスナー（裏）
1cm　0.5cm　0.7cm
表布（表）
もう片側も同様につける

1cm
表布（表）
ファスナーを表に返し、押さえミシン

③表布にファスナーを縫いつける
④裏布を入れ、ファスナーにまつりつける
裏布（表）
2.5cm
0.5cm　1.8cm
⑤ファスナーの端をリボンテープでくるみ、まつる
（リボンテープを4.6cmに切り、縫い代0.5cm分を折り込む）
⑥ビーズ刺しゅうをしたリボンテープをまつりつける
※図案は109ページ参照

13.5cm
表布（表）

①表布、裏布とも中表に縫う
3cm

17cm

②表布、裏布ともまちを縫う

1.5cm
3cm
ミシン

ピンクッション …写真94ページ

材料 （1個分）
麻地　生成り　24cm×12cm
刺しゅう用リボン
綿　適宜
でき上がり寸法：10cm×10cm

☆1cmの縫い代をつけて裁つ

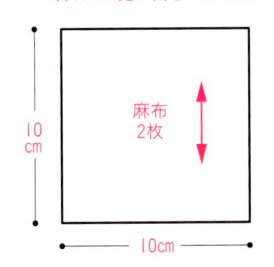

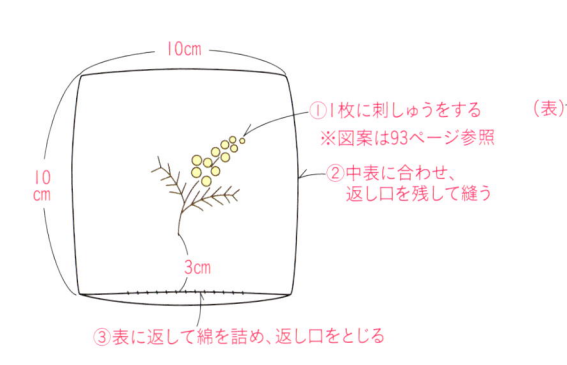

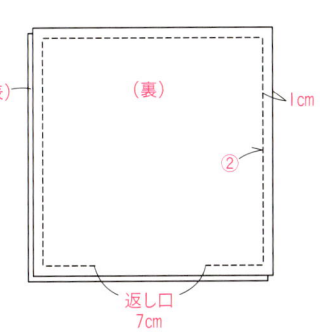

麻布2枚
10cm
10cm

10cm
10cm
①1枚に刺しゅうをする
※図案は93ページ参照
②中表に合わせ、返し口を残して縫う
3cm
③表に返して綿を詰め、返し口をとじる

（表）　（裏）
1cm
②
返し口
7cm

スクエアモチーフいろいろ

デザイン…朝山制子　刺し方…105ページ
ビーズ提供／MIYUKI　布提供／DMC

・布はDMCアイーダ18カウント
・ビーズはMIYUKI、指定以外はビーズ1粒ずつのバック・S
・( )内はDMC25番刺しゅう糸、指定以外は2本どり

DB-21 (BLANC)
DB-361 (BLANC)
DB-113 (996)

DB-1787 (3363)
DB-21 (BLANC)
DB-202 (BLANC)
サテン・S DB-243 (156)
ラインストーン紫 3mm ボンドで貼る

DB-21 (BLANC)
DB-361 (BLANC)
DB-41 (BLANC)
DB-1782 (BLANC)

DB-21 (BLANC)
DB-63 (333)
DB-733 (BLANC)
DB-63 (553)

DB-21 (BLANC)
DB-77 (156)
DB-202 (BLANC)

DB-21 (BLANC)
DB-165 (158)
DB-160 (726)

DB-21 (BLANC)
DB-1782 (992)
DB-165 (3838)

DB-21 (BLANC)
DB-361 (158)
DB-113 (156)

DB-21 (BLANC)
DB-135 (333)
DB-80 (333)

DB-21 (BLANC)
クロス・S (3838) を刺してから ビーズ刺しゅうをする
端はホルベイン・S (3838)
DB-41 (BLANC)
DB-165 (3838)
ラインストーン紫3mm
ラインストーン クリスタル3mm
ボンドで貼る

DB-160 (726)
DB-21 (BLANC)
DB-165 (158)
DBC-60 (3347)
クロス・S (742) 3本どり

DB-21 (BLANC)
DB-733 (3348)

ブローチ風のクラシックモチーフ

デザイン…笹尾多恵　刺し方…107ページ
ビーズ提供／MIYUKI

・ビーズはMIYUKI、指定以外は1粒ずつバック・Sでとめる

107

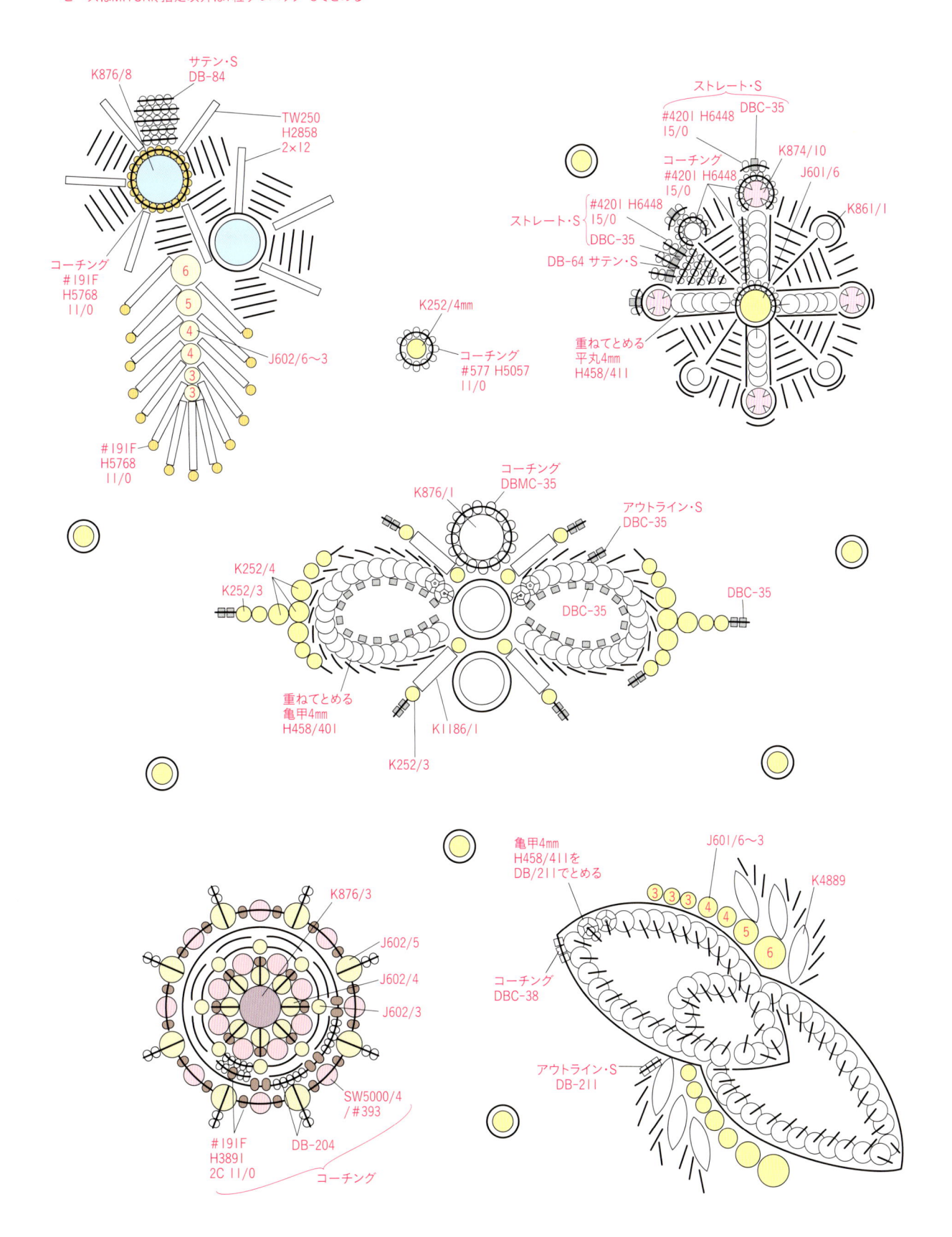

リボンテープの連続模様

デザイン…朝山制子　刺し方…109ページ
ビーズ提供／MIYUKI　リボンテープ提供／亀島商店

・ビーズはMIYUKI
・(　)内はDMC25番刺しゅう糸、指定以外は2本どり

DB-45(742)
DB-361(158)
DB-1782(3851)
DB-243(156)
DB-160(726)
DB-165(158)
DB-733(471)
DB-45(742)
DB-165(158)
DB-733(471)
DB-160(726)
DB-361(158)
DB-1782(3851)
DB-243(156)
DB-160(726)
DB-165(158)

1模様
1粒ずつバック・Sでとめる

バック・S
(601)
4本どり

バック・S
DB-74(601)　2本どり

ストレート・S
DB-74(601)　2本どり

レイジーデイジー・S
DB-105(601)
2本どり

フライ・S
(3051)
2本どり

ストレート・S
DB-458(3051)
2本どり

バック・S
(3051)
3本どり

1模様

バック・S
DB-41
(BLANC)

レイジー
デイジー・S
DB-160(725)

1粒ずつバック・Sをし、
もう一度20個に
ストレート・Sでとめる
DB-1787
(3347)

サテン・S
DB-1787(3347)

チェーン・S
(3347)

DB-202(BLANC)
DB-43(321)

1粒ずつバック・Sでとめる

DB-60(3363)
DB-63(333)
DB-65(725)

1粒ずつバック・Sでとめる

ストレート・S
DB-202
(BLANC)

バック・S
DB-160
(BLANC)

バック・S
DB-77
(BLANC)

1模様

109

本書に掲載した刺しゅうのステッチ、応用作品と図案を50音順に紹介しています。

ステッチ INDEX

あ
アウトライン・ステッチ……………………… P.12・85

か
返し刺し（コーチング）………………………… P.98
クロス・ステッチ……………………………… P.62
クローズドヘリングボーン・ステッチ………… P.15
コーチング……………………………………… P.13
コーラル・ステッチ…………………………… P.13

さ
サテン・ステッチ……………………………… P.15・85
ジグザグ・ステッチ…………………………… P.13
芯入りサテン・ステッチ……………………… P.15
芯入りボタンホール・ステッチ……………… P.81
ストレート・ステッチ………………………… P.12・85
スパイダーウェブローズ・ステッチ………… P.17・87
セイロン・ステッチ…………………………… P.80

た
タフト・ステッチ……………………………… P.87
ダブルクロス・ステッチ……………………… P.62
ダブルレイジーデイジー・ステッチ………… P.14
チェーン・ステッチ…………………………… P.15
チェーンフィリング…………………………… P.15
ツイステッドチェーン・ステッチ…………… P.15

な
斜め刺し（アウトライン・ステッチ）………… P.100

は
バスケットフィリング………………………… P.87
バック・ステッチ……………………………… P.12
バリオン・ステッチ…………………………… P.16
バリオンデイジー・ステッチ………………… P.16
バリオンローズ・ステッチ…………………… P.16
フェザー・ステッチ…………………………… P.14
フライ・ステッチ……………………………… P.13・86
フレンチノット………………………………… P.14・86
ヘリングボーン・ステッチ…………………… P.15・86
ホイール・ステッチ…………………………… P.17
ボタンホール・ステッチ……………………… P.17・81
ホルベイン・ステッチ………………………… P.64

ま
面刺し（サテン・ステッチ）…………………… P.99
戻り刺し（バック・ステッチ）………………… P.99

ら
ランニング・ステッチ………………………… P.12
リーフ・ステッチ……………………………… P.17
レイジーデイジー・ステッチ………………… P.14・86
レイズドアウトライン・ステッチ…………… P.79
レイズドダーニング・ステッチ……………… P.78
レイズドチェーン・ステッチ………………… P.79
レイズドフレンチノット……………………… P.80
レイズドボタンホール・ステッチ…………… P.79
レイズドリーフ・ステッチ…………………… P.78
ロングアンドショート・ステッチ…………… P.16・87

作品と図案 INDEX

あ
- アルファベット……………………………… P.40
- 一色刺しゅうの連続模様………………… P.70
- いろいろな国旗…………………………… P.48
- お気に入りの小もの……………………… P.50

か
- 可憐に咲く花　ハーブ・スミレ・ライラック…… P.92
- きのこ………………………………………… P.73
- 巾着…………………………………………… P.51
- クリスマス…………………………………… P.66
- クロス・ステッチのアルファベット……………… P.76
- 子供っていいな…………………………… P.35
- 小鳥…………………………………………… P.32

さ
- 四季の花　春……………………………… P.22
- 四季の花　夏……………………………… P.23
- 四季の花　秋……………………………… P.26
- 四季の花　冬……………………………… P.27
- 刺しゅうでマーク　フルーツのネームタグ……… P.44
- スクエアモチーフいろいろ………………… P.104

た
- 楽しいひととき…………………………… P.38
- ティーコゼー＆ティーマット……………… P.19
- 動物…………………………………………… P.34

な
- 庭に咲く花　Ⅰ…………………………… P.88
- 庭に咲く花　Ⅱ…………………………… P.90

は
- 薔薇…………………………………………… P.72
- ハンカチ……………………………………… P.31
- 平がな………………………………………… P.41
- ピンクッション……………………………… P.94
- 不思議の国のアリスの世界から………… P.68
- ブックカバー……………………………… P.18
- フレーム……………………………………… P.30
- ブローチ風のクラシックモチーフ………… P.106
- ポーチ………………………………………… P.102

ま
- メッセージカード………………………… P.65

や
- Yuzukoさんのイラスト刺しゅう ………… P.54
  - クリスマスリース……………………… P.56
  - スイーツ………………………………… P.54
  - マスキングテープ……………………… P.58

ら
- ランチバッグとコップ入れ……………… P.45
- 立体のモチーフ…………………………… P.82
- リボンテープの連続模様………………… P.108

STAFF

ブックデザイン	堀江京子(netz.inc)
作品デザイン	朝山制子　大澤典子
	オノエ・メグミ　こむらたのりこ
	笹尾多恵　西須久子
製作協力	柴田理恵子　夕紀子
イラスト	Yuzuko
撮影	渡辺淑克(表紙、P.1〜3、18、19、30、31、45、51、65、94、102)
	中辻 渉
スタイリング	大原久美子
トレース	大楽里美(day studio)
編集制作	佐藤周子(リトルバード)
企画編集	成美堂出版編集部(端 香里　小沢由紀)

撮影協力

株式会社 越前屋
〒104-0031　東京都中央区京橋1-1-6
Tel.03-3281-4911
http://www.echizen-ya.net

株式会社亀島商店
〒542-0081　大阪府大阪市中央区南船場3-12-9
心斎橋プラザビル東館3階
Tel.06-6245-2000
http://www.kameshima.co.jp

クロバー株式会社
〒537-0025　大阪府大阪市東成区中道3-15-5
Tel.06-6978-2277(お客様係)
http://www.clover.co.jp

ディー・エム・シー株式会社
〒101-0035
東京都千代田区神田紺屋町13番地　山東ビル7F
Tel.03-5296-7831
http://www.dmc-kk.com

MOKUBA
〒111-8518　東京都台東区蔵前4-16-8
Tel.03-3864-1408

株式会社MIYUKI
〒720-0001
広島県福山市御幸町上岩成749番
Tel.084-972-4747
http://www.miyuki-beads.co.jp

本誌掲載の布地、用具、材料は2014年7月現在のものです。

いちばんわかりやすい　刺しゅうの基礎BOOK

編 者	リトルバード
発行者	深見公子
発行所	成美堂出版
	〒162-8445　東京都新宿区新小川町1-7
	電話(03)5206-8151　FAX(03)5206-8159
印 刷	共同印刷株式会社

©SEIBIDO SHUPPAN 2014　PRINTED IN JAPAN
ISBN978-4-415-31724-3
落丁・乱丁などの不良本はお取り替えします
定価はカバーに表示してあります

● 本書および本書の付属物を無断で複写、複製(コピー)、引用することは著作権法上での例外を除き禁じられています。また代行業者等の第三者に依頼してスキャンやデジタル化することは、たとえ個人や家庭内の利用であっても一切認められておりません。